HYPNOCONTES

Fabrice Midal présente

SOLÈNE DAOUDAL

HYPNOCONTES

18 nouvelles
pour trouver son apaisement intérieur

Robert Laffont

ISBN 978-2-221-25429-5
Dépôt légal : février 2022
Éditions Robert Laffont – 92, avenue de France 75013 Paris

« Tout cela est une fiction de mon esprit. C'est à l'intérieur de mon crâne que se lève et se couche le soleil. À l'une de mes tempes apparaît le soleil, à l'autre il disparaît. C'est dans mon cerveau que brillent les étoiles. »

Nikos Kazantzaki

Introduction

La scène est familière. Sous les draps, dans la pénombre, la fatigue nous submerge sans jamais nous faire sombrer. La nuit s'écoule au-dehors mais nous restons au lit comme on reste à quai. Impossible de fermer l'œil. Plus nous essayons de dormir, moins nous y parvenons car chaque effort de volonté nous garde précisément actif et éveillé. Le sommeil s'enfuit dès qu'on le cherche.

Le prophète Zarathoustra proclamait : « Quand vient la nuit, je me garde bien d'appeler le sommeil ! » De fait, on ne peut se forcer à dormir, pas plus qu'à avoir faim, à rire, ou à aimer. Comment provoquer ce qui, par nature, doit être spontané ? C'est là tout le paradoxe.

En réalité, l'insomnie se configure comme une boucle où les « tentatives de solution » renforcent les problèmes. Les efforts délibérés pour générer le sommeil – techniques, recettes et molécules en tout genre – sont souvent à l'origine même du cercle vicieux qui entretient notre impossibilité à dormir. Ils nous maintiennent dans une illusion : celle de pouvoir contrôler notre capacité à lâcher le contrôle. C'est une vraie contradiction, une impasse, qui amplifie au final les tensions mentales ou physiques qui nous agitent. Les sentiments d'échec et d'impuissance nous donnent peu à peu l'impression que l'insomnie est inévitable. La simple envie de dormir réveille notre appréhension. Notre lit n'est plus un refuge mais une arène de combat.

Les praticiens en hypnose ou en thérapie brève sont familiers de ce genre de processus où, comme pris dans des sables mouvants, plus l'on bouge, plus l'on s'enfonce. Comment sortir du piège quand le problème et la solution se confondent ? Comment cesser de lutter pour mieux se laisser tomber, impeccablement passif, dans les bras de Morphée ?

Zarathoustra, dans sa grande sagesse, nous a mis sur la piste : si le sommeil n'aime point être appelé, il faudra donc ruser pour qu'il s'empare de nous. Car le sommeil s'apprivoise bien plus qu'il ne se chasse. Il n'est pas tant une proie qu'un maître.

Pour nous endormir, notre attention et notre volonté doivent avant tout se perdre loin du tourment d'attendre. Voilà certainement pourquoi l'histoire du soir est un rituel du coucher qui a tant fait ses preuves. En nous distrayant de nous-même, celle-ci favorise déjà la quiétude et l'assoupissement. Mais les histoires de ce recueil comportent plus d'une ruse supplémentaire. Étayées par des techniques d'hypnose, elles vous accompagnent au plus près du seuil d'endormissement.

Il ne s'agit pas de vous ordonner de dormir – comme dans les plus vieux clichés sur l'hypnose –, mais plutôt d'actionner, *via* la lecture, des leviers subtils qui vont permettre au mental de s'apaiser et au corps de se relaxer. Assurément, il existe de vraies similitudes entre la lecture et le processus hypnotique. Dans les deux cas, nous sommes focalisés, concentrés sur une seule chose.

Nous éprouvons également une certaine dissociation (l'impression d'être ici et ailleurs en même temps) et notre perception de l'environnement se modifie. Certes, la lecture ne déconnecte pas autant que l'hypnose le réseau cérébral en lien avec l'extérieur, mais quel lecteur passionné n'a jamais oublié l'heure et le lieu où il se trouvait le temps d'un roman ? Ces deux activités dissipent nos pensées, favorisent l'intériorisation, et nous immergent profondément dans l'imaginaire.

L'hypnothérapie a démontré que cette disposition toute particulière de l'esprit rend apte à recevoir et à accepter des idées nouvelles, des suggestions de changement par exemple. Or, il ne semble pas toujours nécessaire d'entrer en transe profonde pour cela. Par exemple, les récentes techniques d'activation de conscience (TAC), qui allient hypnose ericksonienne et neurosciences, se pratiquent sur des sujets actifs et toniques. Le changement opère tout de même. Gageons que la lecture silencieuse est, elle aussi, une passerelle privilégiée vers notre conscience interne, un temps de cerveau disponible et exploitable. D'ailleurs, lire active les mêmes zones du cerveau que l'écoute. Autrement dit, lorsque nous sommes plongés dans un livre, une voix intérieure nous accompagne et peut nous guider, comme sous hypnose, dans l'exploration de notre monde intérieur.

Il est tout à fait stratégique de choisir ce que nous chuchotera cette petite voix juste avant de dormir. En effet, les informations que nous recevons à ce moment précis s'imprègnent et se consolident durant la phase de sommeil lent profond. L'hippocampe au centre du cerveau transfère alors toutes les nouvelles connaissances qu'il a reçues au cortex, qui, à son tour, les assimile, les trie, en déstocke certaines puis grave celles dont il juge avoir besoin dans les jours qui suivent pour continuer les apprentissages de la vie. Nos nuits sont des mises à jour, et nous pouvons les programmer en nous calant sur la bonne fréquence, celle qui nous dispensera des informations salutaires.

Dans cette perspective, ces contes sont chargés de multiples suggestions qui seront dévoilées au fil des pages. Certaines sont de nature physiologique, d'autres de nature psychologique. Et même si elles se glissent sous l'horizon de notre conscience, elles peuvent nous aider à résoudre nos labyrinthes personnels. Parce que les mots font bouger les choses, vraiment. Ils agissent en nous, grâce aux neurones miroirs notamment. Notre cerveau a en effet la faculté de copier l'attitude qu'il observe : en lisant, il active les mêmes zones cérébrales que celui du personnage en action. Voilà pourquoi il est crucial de se relier à des expériences positives pour encoder en soi des solutions plutôt que des problèmes.

Les pensées modulent le cerveau en créant de nouvelles associations, en renforçant certaines connexions synaptiques et en en défaisant d'autres. Ainsi, de nouveaux chemins se dessinent dans une forêt de neurones comme on tracerait dans la neige fraîche un premier sentier, qui deviendrait à chaque passage un peu plus facile à emprunter. Notre cerveau est évolutif. Nous ne sommes pas prisonniers des schémas répétitifs. Pour sortir de l'ornière des nuits blanches notamment, nous pouvons parier sur sa plasticité, sa capacité à grandir, à se modifier et lui suggérer de nouveaux comportements où le sommeil s'aborde avec calme et confiance.

C'est là que réside la magie. Si on arrête de focaliser sur quelque chose, le cerveau s'adapte et construit une nouvelle réalité. Ce qui existe, c'est ce que l'on regarde. Les neurosciences nous apprennent que ce que nous voyons et expérimentons n'est pas le monde mais un modèle du monde créé par notre cerveau. Celui-ci génère notre réalité à partir de nos sensations mais aussi en fonction de notre cadre de référence, de nos attentes, de nos croyances. Cet état de fait rend le changement possible, naturel, neurophysiologique.

Pour recadrer nos pensées et créer des alternatives aux programmes par défaut qui s'enclenchent au moment de nous mettre au lit, chacune de ces histoires propose un itinéraire différent vers une seule destination : une bonne nuit de sommeil. Elles sont des chemins pour se laisser bercer, pour imaginer, pour se rassurer ou lâcher prise… Mais chacune reste, avant tout, un chemin pour se perdre. Car à la fin – et c'est là le grand mystère –, nul n'aura jamais conscience d'être enfin parvenu à s'endormir.

Retour à Houat

*
* *

En passant le portail, Dora ressent instantanément combien ce vieux manoir lui a manqué. Depuis ses dix ans, elle n'a pas foulé les terres de ses premières vacances. Aujourd'hui, elle a enfin entrepris ce long voyage jusqu'en Bretagne et navigué vers l'île de Houat à la demande de sa tante qui a besoin qu'une personne de confiance vienne fermer sa demeure avant l'hiver.

Quelques pas dans le parc suffisent pour qu'elle se sente à nouveau chez elle parmi les pins maritimes qui encerclent la maison de granit. Ici, le temps semble arrêté. Pour Dora, Houat a toujours eu ce parfum de bout du monde. Elle s'y sent profondément ailleurs, loin de tout, hors de l'espace et du temps tels qu'ils règnent sur le continent.

Dora cherche tout d'abord la clé cachée dans la boîte de fer-blanc au pied des hortensias. Elle se dirige vers la porte d'ogive, qui est à peine assez haute pour laisser passer un adulte de taille moyenne. On pénètre par elle dans le temps perdu. Celui de l'enfance, des étés d'autrefois, des journées à la mer et des feux de bois. L'odeur humide des murs chaulés plonge Dora dans ses souvenirs. Elle retrouve, dans cette grande pièce, la haute cheminée de pierre, l'escalier de granit qui tourne jusqu'au grenier, et les sentiments diffus de la petite fille qu'elle a été.

Demain, elle commencera à ordonner la maison et à nettoyer le jardin avant qu'ils ne s'endorment sous les frimas de l'hiver. Mais, pour l'instant, Dora décide de préparer son ancienne chambre pour la nuit. Elle a toujours aimé le vieux lit clos qui s'y trouve. Il lui apparaissait comme un vaisseau, un château fort. Ce lit étant fermé de tous côtés par des panneaux de bois, on y pénètre en ouvrant une porte à charnières. À l'intérieur, les planches disjointes par les années laissent filtrer un peu de lumière. En s'installant, Dora se remémore ce rituel immuable. Chaque soir, avant de la border, sa tante soulevait d'un large geste le drap de lin qui retombait alors lentement sur l'enfant blottie, l'ensevelissant tout entière dans un souffle léger qui sentait bon le linge séché au soleil. Où s'était enfui ce souvenir ? Depuis son arrivée au manoir, des bribes d'enfance affluent comme autant d'instants volatils. Dora voudrait les capturer, mais ces moments oubliés sont faits de la matière des rêves et s'évanouissent vite, tels des papillons que l'on poursuit avec un filet.

Dehors les vents du golfe du Morbihan font grincer les branches des arbres et les gonds des persiennes. Dora tend l'oreille vers cette étrange berceuse. La solitude offre pour compagnie tout ce qui habite le silence. Il lui faut peu de temps pour s'endormir.

Au matin, l'heure bretonne sonne au clocher du village. Dora décide de consacrer cette première journée au jardin. À Houat, l'automne encore jeune est plein de soleil. Les lueurs du ciel se couvrent de nuages légers. Les camélias au pied du colombier sont toujours en fleur. Dora choisit de ne pas les tailler et de s'occuper plutôt des rhododendrons, déjà endormis pour l'hiver. Leurs buissons surplombent une terre jonchée de pétales. Le magnolia a aussi relâché une à une ses belles corolles roses de l'été disparu. Le vent calmé, les fleurs tombent encore. Les ramasser sera l'autre tâche de la matinée. Il faudra ensuite ratisser les allées.

En saisissant le râteau éventail, Dora se souvient avec quelle application elle traçait autrefois dans l'allée des labyrinthes en spirales. Ils lui évoquaient les mystérieuses gravures du cairn de Gavrinis, qu'elle avait découvert en voyage scolaire. Par jeu, elle orne à nouveau l'étendue minérale de ses dessins mystérieux. Le gravier ratissé en profonds sillons lui rappelle aujourd'hui des jardins zen bien plus lointains. À la fin du jour, le parc paraît comme assagi. Il ne reste qu'à brûler un tas de feuilles. Dora prend plaisir à regarder partir en cendres le fruit de sa journée de travail et se réchauffe dans les parfums mêlés d'iode et de fumée.

Il lui reste le temps d'aller saluer la mer avant le crépuscule. Le soleil du soir dore la lande déjà ambrée par les ajoncs d'hiver refleuris. Au loin, la bruyère illumine les crêtes de sa floraison violette. Les cris des mouettes, des grèbes huppés et des cormorans annoncent la dune toute proche. Dora la découvre encore parsemée de chardons bleus, immortelles et lys de mer et choisit de s'y aventurer pieds nus. Elle aime tant la caresse du sable frais qui délasse ses pieds à chaque pas. Sur la plage, elle se laisse envahir par le bruit régulier des vagues. Enfant, sa tante l'incitait à vérifier si le rythme de son propre cœur s'harmonisait avec celui de l'océan. « C'est ainsi qu'on sait si on a le cœur celte. » Elle devinait alors, en posant la main sur sa poitrine, l'harmonie secrète qui existe entre l'oscillation du cœur qui bat et les mouvements de flux et de reflux de la mer.

Le dimanche, la pluie décide Dora à dépoussiérer l'intérieur du manoir. Pièce après pièce, elle cire les bois d'if des armoires séculaires, ordonne les porcelaines, époussette les minutieux rideaux de dentelle au crochet suspendus aux fenêtres. Accompagnée dans sa tâche par le tic-tac monotone de l'horloge familiale, Dora accomplit chaque geste avec une certaine lenteur, l'esprit toujours absorbé dans une rêverie où le passé et le présent se superposent. Elle essaie de saisir chaque souvenir qui émerge. Peu à peu le rez-de-chaussée est rangé, puis le premier étage. Elle grimpe ensuite au grenier. Là-haut, en poussant le lourd volet de bois de la lucarne, elle entrevoit, dans une lumière pâle où danse la poussière, une collection d'objets de toutes sortes que les années ont amassée. Sa tante lui a donné la liberté de les trier et de conserver seulement ceux qui lui paraissent avoir une certaine valeur. Elle pourra remettre au brocanteur du village ceux dont elle juge bon de se débarrasser.

Intuitivement, Dora commence à tout classer, journaux et vêtements, jouets et chapeaux… De toute évidence, de nombreuses choses devenues inutiles ou encombrantes peuvent désormais être reléguées aux oubliettes. Elle entrepose ce dont elle ne veut plus dans des cartons qui paraissent prévus à cet effet. Là encore, la mémoire lui revient par étincelles.

En ouvrant une malle en osier, elle découvre notamment une petite clé dorée. Le minuscule objet lui évoque confusément quelque chose. Elle ferme les paupières pour mieux se rappeler, mais nulle image ne survient. Tout au fond de la malle, caché par des étoles élimées, se trouve un coffret. En l'ouvrant, Dora croit rêver. À deux mains, elle tient sa boîte à musique adorée, qu'elle avait pourtant jusqu'ici totalement oubliée. Dora présente la petite clé face à la serrure du jouet ouvragé puis soulève son couvercle. Au centre, une ballerine en tenue dorée se met à tourner et le mécanisme joue une ritournelle nostalgique. Ces quelques notes transportent Dora au plus profond d'elle-même. Il lui semble qu'elle bascule dans l'autre monde, que le passé et le présent fusionnent. Une illusion peut-elle exister ? Elle a désormais franchi le seuil des souvenirs et voit distinctement chacun d'eux virevolter devant ses yeux, alors qu'elle se tient immobile, hypnotisée par la danse de la poupée au tutu d'or.

Ressentir

Il suffit parfois d'un mot pour réveiller la peau. Au fil de la lecture, l'expérience physique des personnages, les descriptions de différents stimuli sensoriels créent des déclics intérieurs. Nos propres souvenirs émergent alors. Ils ouvrent spontanément un espace d'intimité et de subjectivité.

Cette intériorisation est un premier pas vers le retrait temporaire du monde qu'est le sommeil. L'une des injonctions cachées dans ces histoires hypnotiques est « Ne pensez plus, regardez ! », parce que entrer dans sa propre sensorialité est l'un des moyens les plus efficaces pour arrêter le train des pensées. En hypnose, on recourt d'ailleurs au « parcours VAKOG » (l'utilisation de descriptions visuelles, auditives, kinesthésiques, olfactives et gustatives) pour relaxer profondément.

Ressentir ne demande pas d'effort et ne risque pas d'échec. C'est une faculté de pure réception. Nous avons toujours su distinguer ce qui était chaud de ce qui était froid. Cette capacité à rencontrer le monde et à l'accueillir est une force sur laquelle nous pouvons nous appuyer, mais nous l'oublions souvent.

Il y a un véritable enjeu, pourtant, à rétablir l'intelligence du corps, à réunir la chair et l'esprit, dissociés depuis trop longtemps dans la culture occidentale. Comment s'apaiser si on est coupé de soi, anesthésié ? Aujourd'hui, les neurosciences réinterprètent enfin les liens qui unissent notre corps et notre conscience. Pour le Pr Antonio Damasio, « tout ce que nous expérimentons dans notre esprit est toujours le résultat de modifications corporelles ». Notre physiologie influence notre façon de penser et de percevoir ce qui nous arrive. Notre expérience du corps (je sens) est une porte qui ouvre vers l'esprit, où nos sensations résonnent (je ressens). Voilà pourquoi le réveil et l'élargissement de la sensorialité sont les premiers leviers de guérison.

« Le corps est la fusée de lancement et, dans le nez de cette fusée, l'âme, éblouie, contemple par le hublot la nuit constellée d'étoiles. » Cette formule de la psychanalyste et conteuse Clarissa Pinkolà Estés évoque, bien sûr, un vaste programme, mais pour débuter, ressentez déjà comment l'histoire résonne en vous, et connectez-vous aux sensations qu'elle convoque en écho.

Comme la rivière

*
* *

Souterraine, secrète, phréatique, elle naît des profondeurs. Elle surgit, imperceptible, dans un fouillis de boue végétale, en gardant le souvenir de cette première vie passée entre les pierres tendres et les roches dures. Puis elle découvre le ciel et son propre bruit. La source chante quand elle jaillit. Il y a un parfum d'enfance dans ce clapotis de voyelles. La campagne tout autour prend des airs de promesse, l'eau glisse et se fraye un chemin invisible entre les herbes hautes et mouillées.

Une ligne se dessine, un lit se creuse. Le ruisseau étroit s'en va forger le monde. Il est le sang tranquille de la terre, celui qui fait pousser les forêts et les fleurs et qui arasera la montagne et les rochers sauvages. Et pourtant, si petit, si clair, on le franchit d'un pas. La force ne change pas le granit en sable, c'est la douceur répétée qui transforme la matière.

Déjà le cours d'eau transforme le paysage. Il pénètre les coteaux, qui se muent en vallée, et s'élargit bientôt, tout alourdi de la pluie que la rivière recueille au fil des jours gris. Il capte chaque goutte qui le vivifie comme on capte parfois les pensées qui nous traversent – quelques-unes s'évaporent, d'autres vont nourrir des choses à naître. Finalement, rien d'autre à faire que laisser faire pour que l'humus qui boit épaississe les futaies, et que, peu à peu, tout se peigne en vert.

L'eau liquide parle de métamorphose, c'est pour cela que ses atomes ne sont liés qu'à peine. Elle traverse le monde comme on boit une gorgée, sans faire preuve d'autre volonté que celle d'épouser la forme qui la contient. Plantée de roseaux ou de piliers de ponts, la rivière s'infiltre, elle contourne, elle continue toujours, accepte la grande aventure. Mais si un flâneur s'arrête un instant pour la contempler, aussitôt il la perd. Parce qu'on ne se baigne pas deux fois dans le même ruisseau, chacun n'a de nom que du point de vue de l'homme immobile qui le regarde passer. L'eau qui coule n'a pas d'identité. Ce sont ses berges que l'on a nommées.

L'eau arrêtée devient impure tandis que l'eau courante ne se corrompt jamais. Avez-vous remarqué comme on lit dans la nature les circonstances de la paix ? Dans la lumière revenue, quand la rivière gonflée bouillonne après l'orage, le mouvement mouillé au creux du paysage est semblable à une émotion, un mouvement d'humeur passant sur nos visages. Et si le vent souffle, la surface dont le vernis se ride cache un fond toujours calme, reposant entre les cailloux et les algues. En toutes choses, pour laver, il n'y a qu'à laisser couler.

La rivière serait verte. On se trompe. Aucune couleur n'est vraiment la sienne, bien qu'elle les porte toutes. Sur son miroir, la feuillée par-dessus, et par-dessus encore les couleurs du temps lui impriment des motifs de camouflages mouvants. Elle cache au promeneur le peuple de ses flots – araignées d'eau, anguilles et truites, ondines ou fées peut-être. Elle lui montre plutôt les profondeurs d'en haut. Là, entre deux ricochets, se plisse un nuage. Et plus tard, à la nuit tombée, c'est le reflet de la lune pleine qui nous fait de l'œil, comme une pupille jaune sur la laque noire.

Vient toujours un moment où l'homme décide de suivre la rivière jusqu'aux prochains méandres. De vieux rêves de barques habitent tous les âges. Porté par l'eau claire au centre du courant, l'homme s'allonge et observe comment les arbres dressés succèdent aux prairies, comment peu à peu se desserre l'étau des deux rives et comment les oiseaux volent aussi. Il plonge la main dans l'humidité douce et ferme les yeux pour rendre un peu plus floue la frontière délicieuse entre l'eau et ses nerfs. Il est si bon de se laisser bercer sans autre rendez-vous que les changements d'heure dans le ciel à venir. Tout est paisible. Les chemins se perdent mais pas les cours d'eau.

La rivière, elle, a mille vies à vivre et d'autres horizons. Elle sera nuage, pluie, brouillard et goutte de rosée. Mille vies qui la feront grandir jusqu'à ce qu'elle devienne à son tour l'un de ces larges fleuves, massifs et huileux, qui traversent les villes. Peu lui importeront alors l'activité des hommes, les moulins, les usines et les promenades éphémères imprimant de temps à autre la vase de ses berges. Le fleuve vit sa force à l'échelle des planètes. Pour lui, la terre même est bien peu de chose. Il connaît sa gloire. Parmi les astres, l'eau liquide est bien plus rare que l'or.

Ainsi coule-t-il vers l'estuaire, l'océan, la fusion, impassible. Puisqu'un jour il redeviendra source, puisque le cycle est éternel, à quoi bon l'appréhension de s'y perdre ? À mesure qu'il s'approche, son contour se transforme entre les bras de mer. La masse de l'écume rencontre celle de la boue. Puis cela s'équilibre en quelques remous. Tout retourne là où tout commence, dans ce grand pays lointain et profond qui endort l'eau douce dans le sel et l'iode.

Le soleil vertical et le ciel tout entier viennent alors au plus près pour pouvoir se baigner. Sur l'eau scintillent des milliers de taches de lumière. Il faut les fixer longtemps pour qu'elles s'allument sous nos paupières. Les marins le savent : derrière les yeux fermés, leur éclat a le pouvoir d'éteindre les pensées.

Se laisser bercer

Ces nouvelles sont pour la plupart construites « à l'envers ». Elles ne reposent pas sur un dénouement captivant mais sur un rythme qui s'étire et un intérêt qui va en s'amenuisant.

Ce livre soporifique est voué à tomber des mains. C'est pourquoi il cherche moins à happer qu'à bercer. S'il est important de susciter la curiosité au début de l'histoire (pour « établir le rapport », dirait-on en séance), cet intérêt initial est finalement très peu nourri au fil de l'intrigue. Par exemple, peu de spécificités sont dévoilées concernant les personnages ou l'action.

Il ne s'agit pas tant d'ennuyer que d'apaiser profondément, physiquement. La nuit, comme l'écrit André Gide, est une « navigation lente » et on ne la rejoint pas sans ralentir.

En privant la narration d'éléments de suspense, de galeries de personnages ou en favorisant des rythmes répétitifs, un processus hypnotique se met en œuvre. La monotonie débranche un mécanisme neuropsychologique précis, celui de la « réaction d'orientation » à la réalité extérieure. Ce dispositif de survie s'active quand quelque chose d'inattendu se présente à nous.

Le corps se met en tension et l'esprit, aux aguets, s'interroge : « Qu'est-ce qu'il se passe ? Que dois-je faire ? » Nous demeurons parfois bloqués dans ce mécanisme d'hypervigilance comme si nous étions pris au piège de menaces imaginaires.

La solution est aussi ancestrale que la musique percussive des tambours. Il s'agit de se laisser bercer par un rythme lent, répétitif. Parce que la régularité monotone rassure profondément. Elle signale au cerveau que rien de nouveau ne survient. Dès lors, peu à peu, notre attention baisse et nos ondes cérébrales ralentissent.

Avant de rejoindre les territoires du sommeil, vous pouvez aussi prendre un instant pour écouter la première et la plus naturelle des berceuses : votre propre respiration. Laissez simplement aller votre souffle. Il n'y a rien d'autre à faire qu'à percevoir : ça respire tout seul. Distinguez-vous cette petite pause, juste avant que renaisse votre inspiration ? Prolongez-la un instant... Quelques-uns disent que, lors de cet infime moment de suspension entre deux cycles, notre conscience passe naturellement en régime hypnotique.

Faire cela sur quelques cycles – par exemple à chaque fois que vous repérez cet astérisme sous un titre : ⁂ – serait une façon concrète de commencer vos nuits sous une bonne étoile.

Journée blanche

*
* *

Avant la neige, l'air semble descendre plus profondément dans les poumons. Il a un goût de nuage frais que je respire avec gourmandise. Je viens juste de refaire surface à l'angle de la Second Avenue et de la 86th Street, après une plongée dans l'atmosphère confinée du métro. Je m'élance dans l'Upper East Side. La rue file droit entre la masse de deux blocs – deux falaises de brique, de verre et de métal décorées d'enseignes et de néons. Loin devant, un triangle d'horizon dégagé révèle la présence encore invisible de Central Park, là où la ville s'interrompt.

J'ai toujours cette impression d'être la première à voir les flocons. L'île de Manhattan, elle, lève à peine les yeux et paraît tout d'abord impassible devant l'impertinence de leurs tourbillons. Pourtant, tout a déjà commencé. J'observe le bitume poussiéreux se couvrir peu à peu d'une fine couche de sucre glace. Le voile de la neige s'épaissit en silence et bientôt les vibrations urbaines s'assourdissent, l'allure des passants ralentit et les angles acérés de la ville deviennent de moins en moins visibles. Le souffle blanc éparpille le vacarme habituel des grandes avenues. La fièvre tombe avec le froid.

En une demi-heure à peine, New York se met en place par une succession de petits gestes, comme si la ville suivait une chorégraphie parfaitement réglée. Les visages de la foule se cachent sous les parapluies ; les portes habituellement closes des immeubles victoriens s'entrouvrent les unes après les autres, juste le temps nécessaire pour que le *doorman* dégage d'un coup de pelle leur seuil enneigé. Je remarque les chaînes qui encerclent les pneus des taxis. Viennent-elles d'apparaître, elles aussi ?... La neige tombe telle une pluie continue de plumes. La ville s'enfonce peu à peu dans une moelleuse épaisseur ouatée. La calme tempête a tout capitonné. New York se tait. Il me semble qu'on range la ville entière au fond d'une gigantesque caisse remplie de billes de polystyrène expansé.

La chaussée devant moi devient opaque et muette. Heureusement, Manhattan est un labyrinthe facile à décoder. Nul besoin de sens de l'orientation, juste de savoir compter : une, deux, trois, quatre rues. Je suis, sous mon bonnet, un point mouvant qui évolue entre le chiffre des abscisses et celui des ordonnées. J'aperçois enfin dans la lumière pâle la silhouette hiératique du Metropolitan Museum of Art. Elle surplombe la rue du haut d'un escalier glacé. À ses pieds, drôle de révérence, deux vendeurs de hot-dogs répandent leur fumée.

Je quitte la bourrasque pour le grand hall du musée. J'y entre comme on entre dans un rêve, inconscient de savoir où l'on va, juste poussé par l'envie de laisser quelque chose derrière soi. Je me retrouve aussitôt étourdie par cet espace ouvert et sa lumière dorée. Mes frissons se calment un peu avant moi. Deux étages au-dessus, un large dôme de verre. Son œil, d'une clarté tranquille, regarde la foule trempée. Je paie mon badge, l'épingle sur mon sweat et m'engouffre vers les arcades à gauche en laissant résonner derrière moi l'écho de l'entrée.

Le MET est un palais gigantesque, un dédale de pièces toutes uniques et spectaculaires, qui apparaissent en enfilade comme par magie. Je flâne en laissant les œuvres capturer mon regard, à la manière d'un visage croisé dans la foule. Une œuvre d'art, on ne la voit pas, on la rencontre. Alors, on dispose nos deux existences uniques face à face. On lui laisse de la place, on lui donne du temps, et l'aura qu'elle dégage se mêle à la nôtre.

Dans la section gréco-romaine, premier arrêt sur image. Face à moi rayonne *Éros endormi*. Niché sur un nuage de marbre blanc, ce petit ange de bronze paraît respirer calmement dans un profond sommeil. La tendresse de sa chair sombre contraste avec la clarté presque douillette de la pierre. Je devine le délice de l'indolence au travers de ses yeux clos. Tout ce que l'on voudrait voir n'est pas forcément visible… À quoi songe cet enfant, blotti depuis vingt-trois siècles sous ses ailes légères ? Les rêves d'Éros s'infiltrent dans mon esprit poreux et le rendent, je le sens, passablement flottant…

Les salles se succèdent ici comme les générations humaines. Pour peu qu'on ne suive pas les flèches, on se retrouve vite en plein paradoxe spatio-temporel. Je franchis un couloir et me retrouve cernée par tous les dieux des îles du Pacifique. Au centre de la galerie, un plafond suspendu formé de centaines de plaques de bois peint délimite la présence invisible d'une maison de cérémonie. Je vais m'y réfugier. Chacun des panneaux qui composent ce ciel magnifique est orné de motifs géométriques. Difficile de percevoir en même temps les détails et l'ensemble. Des symboles mystérieux, les visages des esprits et ceux d'animaux totems forment une héraldique que je ne connais pas, mais qui résonne pourtant en moi telle une langue ancienne que je me rappelle avoir oubliée.

Juste au-dessous est installée une haute statue de bois. C'est un homme aux yeux de coquillages portant sur ses épaules un aigle prêt à s'envoler. Je le dévisage un instant et lui rends à mon insu son sourire énigmatique. « Moi aussi, parfois, je rêve que je suis un aigle… Et je connais comme toi cette sensation infime de la démangeaison des ailes. »

Première à gauche, deuxième à droite, je quitte l'Océanie et j'arrive, par hasard, dans l'Europe des Temps modernes. Dans la vaste salle, mes contemporains sont des fantômes, je ne vois que la foule immobile des statues. Adonis, Persée, Sapho, et là, Hercule, qui, sans me faire signe, m'appelle pourtant à ses côtés. Hercule archer, c'est un demi-dieu en bronze doré figé dans un effort insensé. Cette figure a plus que de la force, quelque chose à m'apprendre. Je l'observe patiemment à défaut de pouvoir l'écouter. Chacun de ses muscles en métal martelé est tendu au reflet de son arc dressé. Hercule appuie avec vigueur son pied gauche sur un rocher. Il est prêt à tirer mais il n'a nulle corde à tendre, nulle cible à viser, nulle flèche à planter. Je l'entends me dire : « Tout cela n'a pas vraiment d'importance, le but, s'il en est, c'est le geste parfait pour l'éternité. » Je comprends alors comment la maîtrise et le calme équilibrent la tension. Je retiens la leçon. Je salue mon maître et m'enfuis à droite vers un nouveau passé.

Ce sont alors les lueurs des vitraux du Moyen Âge qui éclairent une salle sombre. Ici, on peut voir de près les panneaux qui étaient auparavant scellés en haut des cathédrales. La minutie de l'art verrier resserre mon regard au millimètre. Ces pièces pourtant si fragiles paraissent inaltérées. Une madone arbore des traits et des cheveux si fins qu'on les dirait dessinés à l'aiguille. Cette époque a donné aux couleurs de sa robe des noms beaux comme des lumières : jaune d'argent, safran de Mars, rose à l'or, bleu de Chartres. Plus que toute autre peinture, ce portrait sur verre crée l'impression que ce n'est pas moi qui le vois mais lui qui me regarde. La douceur maternelle de ce visage m'apaise comme un cocon de soleil.

La visite se termine. Je quitte cette dernière galerie avec la lenteur d'un somnambule. J'ignore encore vers quelle époque je me dirige… D'un seul coup, je reviens à moi, éblouie par une salle inouïe. C'est un paysage de désert sous un ciel glacé. Sous une immense verrière, un authentique temple égyptien, massif et blond, se dresse sur une plaque de granit qui semble léviter au-dessus d'un petit bassin d'eau sombre. Devant lui, une porte monumentale et encore deux statues de pharaons. Au travers de la verrière, on ne distingue Central Park qu'à peine. J'avais oublié la neige. Elle recouvre à présent chaque carreau de verre. Chacun chatoie de cette couleur particulière qu'ont les feuilles d'albâtre percées par la lumière. Ici, plus rien n'a de sens, hormis la beauté.

Ce temple est un sanctuaire d'Isis réfugié à New York pour fuir le destin funeste d'être enseveli sous les eaux. Comme par magie, je me trouve, simultanément, au cœur du temple, au cœur du MET et au cœur de Manhattan. Les flèches de l'espace et du temps semblent définitivement déboussolées. Le passé et le présent se confondent ainsi que le recto et le verso d'une feuille chiffonnée. Sur le linteau gravé à l'effigie de dieux anciens, les ailes d'Isis se déploient face à la neige, qui tombe comme la nuit noire et comme je tombe, moi, de sommeil.

Je bâille en silence. Fin d'une journée blanche, tant de choses à rêver.

Faire silence

Le territoire du sommeil est un espace d'obscurité, de solitude et de silence. Comment s'y aventurer sereinement ? Progressivement, en l'apprivoisant. Par la lecture, justement.

Lire vous plonge dans un état proche de l'hypnagogie, une semi-conscience entre la veille et le sommeil. Quelques minutes de lecture ralentissent le rythme cardiaque et atténuent les tensions dans les muscles. Comme une mer qui se calme, les ondes cérébrales s'apaisent en résonance. Les fréquences bêta de l'éveil cèdent la place au rythme alpha du calme intérieur juste avant que les ondes thêta signalent le premier sommeil. Conduit à la lisière de la rêverie, le corps blotti dans une posture de repli, le lecteur s'enveloppe de silence... Lire est un moyen de taire le bruit du monde.

Ces histoires vous parlent d'abord, puis faiblissent et chuchotent. Elles vous disposent à l'accalmie telle que la décrit le poète Yves Bonnefoy : « La voix qu'on écoute se perd, le bruit de fond qui est dans la nuit la recouvre. »

De fait, les bruits infimes augmentent par contraste le volume du silence qui les suit. La récente vogue des vidéos ASMR a quelque chose à voir avec cela. Cette pratique (dont le sigle signifie « réponse automatique des méridiens sensoriels ») met en scène des sonorités spécifiques, sensuelles et subtiles, qui provoquent, à les entendre, un profond délassement, voire de véritables frissons cérébraux. Certains passages de ces contes suggèrent précisément cela quand ils évoquent le faible crissement du râteau dans les graviers, le tic-tac monotone de l'horloge ou la musique lancinante des vagues océanes.

Ces petits bruits sont, tels d'ultimes murmures, une transition entre deux silences. Ils nous font passer du simple bruit qui s'arrête au silence intérieur, celui de l'esprit au repos.

Si l'on s'y abandonne, ce moment muet transforme la solitude en présence à soi. Il devient un vide que le sommeil vient remplir. Écoutez-le à présent, le silence est déjà là, juste après le bruissement de la page qui se tourne.

Ici même

*
* *

Alors que j'avance, un chuchotement lointain m'accompagne. Seul, j'entends mieux le monde. L'endroit que j'attends est tout proche mais la route semble prendre le temps et les détours nécessaires pour se graver profondément dans mes souvenirs. Au bout de la piste, enfin, arrive le moment d'exaucer la vieille promesse que je m'étais faite : celle de poser le pied ici même. Dans cette vie, certains ailleurs sont des rencontres, d'autres des rendez-vous.

Le grand paysage se dévoile peu à peu, se précise. Le ciel s'annonce à l'étalage, comme on respire. La lumière baigne mon visage et mon regard s'étire sans fin. Les yeux aveugles de soleil, je laisse l'espace infuser en moi. Ce lieu résonne avec tout ce dont j'ai profondément besoin.

Chacun de mes sens devient une antenne. Le lent inventaire de tout ce que je perçois s'attarde sur plusieurs fragments de la scène où se déploient, en haut, le feu et l'air, en bas, l'eau et la terre. Chaque paysage organise à sa manière les quatre éléments que l'on porte aussi à l'intérieur de soi. Ce sont nos sensations qui créent les correspondances, les traits d'union, entre ceux que l'on voit à l'extérieur et ceux qui nous animent en dedans. Ces quatre substances élémentaires élaborent, au crible de nos cinq sens, tant de façons de s'abandonner et de contempler… Certaines personnes aiment voyager les yeux écarquillés, d'autres préfèrent ressentir intimement chaque chose, derrière des paupières closes. J'observe pour ma part comment l'esprit du lieu rayonne dans ma peau.

L'atmosphère a une température exactement paisible. Le monde ici semble un tout, unifié, intriqué, accordé. On y descend par une spirale. On s'en approche depuis la vue jusqu'aux parfums. Je remarque, aux nuances des couleurs, à la subtilité des odeurs, à la matière même de tout ce qui me frôle, comment tous les éléments de ce décor entre eux se répondent.

Comme c'est beau, les trois règnes tressés tous ensemble. Là, tous les visages du végétal forment une sculpture compliquée sur un socle de pierre. On y décèle la présence inaudible des créatures, les imperceptibles mouvements qui agitent le théâtre faussement immobile de la nature. J'aime me sentir rétrécir dans les détails. Certains ravivent des souvenirs. N'ai-je pas déjà vu cela ailleurs ? Avec la réponse, le souvenir s'épaissit… On dirait que le paysage aussi.

Je veux en découvrir davantage. Pourquoi ne pas continuer là où la route me mène ? Je peux prendre du temps plutôt que des raccourcis. La planète est un jardin. Pourquoi résister à l'envie de savoir se perdre ?

Au loin le bruit continue… On verra.

Chaque saison porte les heures à sa manière. Je me réjouis d'avoir attendu précisément celle-ci pour venir. Les couleurs sont telles ! Il est évident que c'est le moment parfait pour découvrir l'endroit. Tout n'est pas exactement comme je l'avais imaginé, mais je goûte au plaisir de me laisser surprendre. La curiosité guide mes pas, les arrête, les détourne. Elle provoque des rencontres inattendues au bout de mes doigts tendus. Il est si vaste ce paradis dont plus rien ne me sépare. Il y a tant de chemins possibles.

Peu à peu, le poids du jour s'installe sur mes épaules. Je cherche alors un espace confortable pour me reposer un instant. Mon regard s'accroche à un bouquet de racines. Elles sont nombreuses et épaisses et ceignent un arbre gigantesque que je rejoins en quelques pas. Ici, c'est parfait. Je me blottis contre son tronc. Le regard change de place quand on s'assoit. J'avais oublié qu'il suffit parfois d'être là, par terre, pour se dépayser. On découvre une autre échelle, un territoire entier. Cet arbre, vu d'en bas, semble soulever l'azur accroché dans ses branches. Je songe aux légendes d'Yggdrasil, l'arbre mythique, pilier cosmique entre la terre et le ciel.

Je suis si bien à ne plus rien attendre. Je glisse, immobile, et presque malgré moi, dans une méditation languide. Ma respiration se calme en quelques soupirs et ma pensée s'enfuit plus loin que l'horizon. Il arrive parfois que le temps s'arrête avec soi.

Je vois mes doigts dessiner de manière automatique des signes inconnus dans la poussière de feuilles rouillées. Ma paume ouverte caresse les racines qui s'enlacent au ras du sol avant d'y plonger. Loin dessous, je l'ai lu, elles se prolongent en réseau et échangent avec les autres systèmes racinaires, des molécules, des messages, des secrets. Tant de choses importantes s'édifient dans les ténèbres souterraines.

Il y a tout autour, et de plus en plus fort, comme une force invisible qui émane de l'arbre. Elle me traverse et pulse contre mon cœur qui bat. Être immobile et muet ne veut pas dire sans pouvoir. Les arbres sont des couloirs. Dans leur ombre se mêlent les énergies primaires. Je les ressens par vagues et je les laisse faire. Parfois on peut être éveillé et croire que l'on rêve. Entre les effluves d'écorce, d'humus et de sève, naît une vision fugace. Plus rien ne me distingue des plantes. Suis-je devenu arbre moi-même ? Les humains portent leurs racines dans le ventre et c'est sous leur crâne que se déploient leurs branchages.

Le moment se prolonge, indifférent à l'heure, au rythme végétal. Je n'aurai pas vu le bruit. Tant pis.

J'emporterai d'ici plus que des souvenirs, un état d'âme. Ce lieu s'est établi en moi comme un royaume intérieur. Revenir désormais ne sera plus si loin. Il suffira de retrouver dans ma mémoire l'éclat de cette lumière ou ce parfum sauvage pour me sentir à nouveau si bien, enroulé dans ces grands bras de bois.

Se réfugier

Le sommeil est un refuge. Quand on ne peut le rejoindre, on se retrouve dans la désagréable situation de l'oiseau qui ne trouve nulle branche où se poser. Comment s'arrêter alors, et où trouver un lieu sûr ?

Cette notion de « lieu sûr » est un concept clé de l'hypnose thérapeutique. On parle de *safe place* pour désigner l'endroit – imaginaire ou remémoré – où on se sent particulièrement bien, profondément en sécurité. Le simple fait de s'y projeter en conscience (en ressentant les émotions et sensations qui s'y rattachent) permet d'installer un état de calme et de confiance propice au repos, au lâcher-prise.

Se sentir à l'abri stoppe les fonctions d'alerte qui nous maintiennent en état d'éveil. Dans notre cerveau, les fonctions de vigilance et de somnolence interagissent comme les plateaux d'une balance : nous ne pouvons en activer une sans désactiver l'autre.

Quel serait pour vous cet espace rassurant ? Est-ce un lieu que vous connaissez, que vous inventez ? Un paysage de nature sauvage ou une pièce chaleureuse dans une maison qui vous est chère ? Les réponses diffèrent pour chacun.

Ces histoires mettent en scène plusieurs havres possibles. Ce sont des pistes pour trouver votre propre *safe place* et pour réveiller en vous les pouvoirs de cette zone de confort intérieure. Lequel, parmi les différents endroits décrits, parlera davantage à votre inconscient ?

Pour vous permettre de vous figurer au mieux le décor qui vous convient vraiment, certaines descriptions sont volontairement « non spécifiques ». Elles gardent ouvertes plusieurs interprétations possibles afin que votre imaginaire, par le biais d'associations libres, complète le tableau. D'ailleurs, à votre avis, quel lieu décrit la nouvelle « Ici même » ?

Lorsque vous aurez cerné votre endroit préféré, vous connaîtrez le chemin pour y revenir à loisir : il suffit pour cela de fermer les yeux. Permettez-vous de vous y reconnecter souvent. Vous pouvez l'aménager, le détailler, vous y promener... Car tout imaginaire qu'il soit, ce refuge a des bénéfices bien réels.

Kos & Love

*
* *

En Norvège, la forêt est moins un paysage qu'un esprit familier qui veille sur le territoire et ses habitants.

Hedda est venue aujourd'hui reprendre des forces auprès d'elle. Entre les troncs et les buissons de la forêt boréale, elle devine les passages. Elle se faufile en portant son nouveau-né, emmitouflé dans un épais tissu noué autour de la taille. Elle ne pense à rien. Elle respire. Pour elle, le bruit du vent dans les arbres est silence. Tant de choses ont déstabilisé cette jeune mère depuis six mois. Tout son être, corps et âme, est encore vacillant d'avoir vécu cette expérience bouleversante de la maternité. Hedda voudrait du calme et du temps pour faire face, et c'est exactement ce qu'elle n'a plus. Quelle ironie ! Elle se sent entraînée dans une danse contradictoire qui tangue entre deux réalités nouvelles : celle de la fatigue, dont elle découvre les abysses infinis, et celle de la vie neuve et brute qui brille dans les yeux de son petit Nils. Il lui semble parfois qu'elle a vieilli de cent ans en le regardant, lui, si vif, expérimenter et découvrir chaque instant comme au matin du monde.

Depuis trois semaines, le petit homme a décidé de ne pas fermer l'œil de la journée. Son sommeil nocturne est lui aussi fragile, et Hedda n'a qu'une hâte : qu'il parvienne, enfin, à dormir quelques heures d'affilée pour qu'elle puisse elle aussi profiter d'un peu de repos.

C'est dans l'espoir de le voir s'apaiser au contact des arbres qu'elle est venue marcher là. Les Norvégiens cultivent avec la nature une relation vivante. C'est la vie au grand air qui définit leur mode de vie et leur recherche du *kos*. Ces trois petites lettres forment le mot le plus important de leur vocabulaire. Le *kos* est un art de vivre qui prône l'attention au bonheur fugace. Il repose aussi sur une recherche d'harmonie avec la nature sauvage. Ici, les bains de forêt sont connus pour être une pratique bienfaisante et équilibrante. La science a compris ce que la sagesse traditionnelle savait déjà. Les arbres libèrent des molécules volatiles, les phytoncides, qui protègent l'organisme de ceux qui les respirent. Ces végétaux ancestraux régulent par bien des aspects l'activité chimique et électrique de notre cerveau, renforcent le sang et l'air qui circulent en nous. La forêt – un des premiers visages de la terre mère – reconnecte ses enfants à la grande famille du vivant.

Lorsque Hedda prend place au sein du peuple des géants immobiles, lorsqu'elle sent ses pieds s'enfoncer dans la mousse et le lichen, cette alchimie, cette accalmie, se met en œuvre. Au plus profond d'elle-même, une impression de délassement se répand comme une onde. Cela agit de proche en proche, depuis sa peau jusqu'aux nerfs, de ses nerfs jusqu'aux muscles, de ses muscles jusqu'à la moelle de ses os.

Nils, lui, se sent ici plongé dans un océan de nouveautés. La forêt est pour lui une fête des sens. Tout le captive et l'émerveille : le bruissement des feuilles – chacune d'un vert différent –, les éclats de lumière qui filtrent à travers la canopée, l'odeur acide de l'humus, le chant métallique et saccadé du gorgebleue auquel répond en écho le cri modulé du chevalier sylvain. Comment s'endormir dans cette effervescence ?

Plus que quelques heures de lumière. La fraîcheur de novembre envahit l'atmosphère et nul obstacle ne viendra ici freiner l'obscurité. Il faut rentrer. Le petit homme ne dort toujours pas.

À l'approche du village, les maisons semblent être des lanternes. Dans la pénombre frissonnante de l'après-midi – il fait nuit à 16 heures en cette saison et sous ces latitudes –, Hedda s'attarde devant les fenêtres éclairées de son voisinage. Quand s'assombrissent les tons rouges des façades peintes, ce sont leurs lumières qui appellent le regard. Elles ouvrent une brèche vers l'intimité confortable des foyers. Sur leur rebord intérieur sont disposés des bouquets, des bougies et autres décorations hétéroclites. Ces cabinets de curiosités présentent, comme dans une vitrine, une image policée de soi ou de sa famille. À la frontière du dedans et du dehors, chaque fenêtre est conçue comme un tableau qui fait surgir dans l'espace du village l'âme de ses habitants.

Chez elle, Hedda a bien sûr respecté la coutume et mis en scène quelques objets qui lui sont chers : un ours polaire en porcelaine, un bouquet de fougères, une guirlande lumineuse qui scintille entre deux lourds rideaux de feutre bleu sombre. En franchissant le seuil, la mère pousse un soupir et le fils un petit cri. L'heure n'est pas encore à la sieste. Tant pis ! D'un geste las, Hedda défait l'écharpe savamment nouée et dégage son petit garçon des méandres de tissu. Tout heureux de retrouver sa liberté de mouvement, il se contorsionne et agite avec vigueur ses frêles petites jambes. Hedda entreprend d'installer un endroit douillet pour passer le temps à ses côtés. Les braises dans le poêle à bois rougeoient encore sous la cendre. Deux bûches suffisent à rallumer les flammes et éclairer la pièce d'une nouvelle lumière.

Elle étend sur le tapis une première couverture épaisse, puis un second plaid en mohair, œuvre de sa mère pour ce premier petit-fils. Quelques coussins délimitent l'espace et sécurisent le bébé, qui se voit déposé là, au centre du cocon douillet. Hedda choisit quelques huiles essentielles pour parfumer le moment : lavande fine et mandarine. Puis elle lance en fond sonore l'album *In the Hand of Night*, de Mari Boine, dont la voix hypnotique réenchante la musique du peuple saami de Laponie. Il y a quelque chose de profondément norvégien dans cet équilibre entre la douceur du chant et la puissance des tambours. L'esprit scandinave tout entier repose sur l'alternance entre le feu et la glace, entre les frimas de l'hiver et la chaleur des foyers, entre les nuits polaires et le soleil de minuit. D'ailleurs, si elle se sent à présent si relaxée chez elle, c'est justement parce qu'elle vient de faire face à la nature sauvage. Le réconfort de son intérieur en est comme rehaussé. L'intraduisible *kos*, c'est exactement cela... Plus qu'un concept, un équilibre, une philosophie. Et c'est instinctivement que Hedda s'en inspire pour couver son petit Nils à l'aube de sa vie.

Elle s'allonge auprès de son fils, qui s'occupe à coordonner ses petites mains et son envie de les manger. Il a les yeux grands ouverts. Les lueurs chaudes des flammes dansent sur le plafond. Hedda lutte pour ne pas fermer ses paupières, alourdies par la tiédeur de l'instant.

Pour bercer l'enfant, Hedda fredonne la chanson qui passe. Elle pose la petite tête au creux de son épaule. Son odeur unique est si douce. *Mon ami de la tribu des anges, je ne suis pas loin, je ne suis qu'à mi-chemin. Maintenant je suis prête à partir, commencer mon propre voyage...* Elle cale le rythme de son chant sur le souffle du petit garçon et l'allonge petit à petit, espérant qu'en miroir il ralentira bientôt lui aussi sa respiration. Elle balance le haut du corps sur le même rythme et masse en rond la minuscule paume de main. Nils remue de moins en moins. *Viens dans l'étreinte de mes pensées, viens dans mon étreinte. J'étends des couvertures de nuages...* La berceuse perd petit à petit ses paroles, les syllabes se changent en un chuchotement musical, un murmure.

Le disque s'arrête. Nils et Hedda tendent alors l'oreille vers une autre musique, celle du ronronnement de leur petit chat qui est venu se lover contre eux près du feu. On dit que lors de l'endormissement, certains sons simples et réguliers, tels que le flux et le reflux des vagues, les vibrations sourdes et graves d'un félin assoupi ou même le bruit lancinant de voitures lointaines, peuvent devenir une véritable symphonie. À croire que dans l'approche du sommeil nos sens perçoivent au-delà des formes habituelles, s'élèvent à d'autres fréquences et discernent l'harmonie d'une nouvelle et plus vaste gamme. Le crépitement du feu, le ronron feutré et la respiration légère de Nils composent assurément la musique d'une autre sphère. Hedda s'aperçoit qu'un dernier instrument porte l'ensemble. Telle une ligne de basse, le rythme de son cœur résonne au creux des tympans du tout petit enfant.

Comme si, dans ce corps à corps, ta main était ma main, comme si mon souffle était ton souffle, comme si mon cœur était ton cœur.

Et tout à coup, beaucoup plus de silence. La mère et le fils fusionnent dans le même sommeil.

Raviver

Par le passé, avez-vous déjà bien dormi ? Parfois, il est judicieux de se rappeler que nous avons détenu auparavant certaines des capacités qui nous font défaut aujourd'hui. Nous en gardons la trace. Notre inconscient reste dépositaire de toutes nos ressources et de tous nos apprentissages.

Pour retrouver et rétablir ces compétences, nous pouvons user de notre cerveau comme d'une machine à voyager dans le temps. Il est configuré pour. On peut être transporté en enfance en respirant un parfum oublié, n'est-ce pas ? Notre cerveau crée des liens automatiques entre certaines sensations et certaines émotions. Il raccorde les neurones qui associent l'odeur de la lavande, par exemple, à l'insouciance d'une période de vacances. Ce câblage est renforcé s'il est souvent activé, et s'il a de l'importance pour nous. Les praticiens en hypnose nomment cela des « ancrages ».

Nous pouvons choisir d'installer ou de réactiver certains ancrages pour accéder plus facilement à des états bénéfiques, comme la joie ou la sérénité. Mais pour qu'un ancrage soit vraiment efficient, il est essentiel qu'il soit personnalisé. Depuis Milton Erickson, on sait combien l'implication psychologique est une clé essentielle des mécanismes de la suggestion hypnotique.

Prenons un exemple. Choisissons comme ancre le mot « sable ». Connectez-vous d'abord à un souvenir où l'élément sable a été pour vous associé à une sensation de détente. Replongez dans les détails de ce moment passé. Comment vous sentiez-vous ? Qu'entendiez-vous, que voyiez-vous autour de vous ? Ce peut être le contact agréable et doux du sable épousant la forme de votre corps étendu sur la plage, ou bien le passage du marchand de sable quand vous sentez vos paupières lourdes, sur le point de se clore. Revivez pleinement ce souvenir, dans toutes ses nuances. Quand vous êtes totalement imprégné de la scène, pensez au mot « sable », en le voyant par exemple s'écrire sur votre écran mental ou en l'entendant prononcer.

Vous pouvez refaire cet exercice avec le mot « étoile » (un moment de pause et d'assoupissement en contemplant le ciel ?) et le mot « silence » (en retrouvant le souvenir d'un moment de silence parmi ceux qui vous ont régénéré et apaisé).

Sable, étoile, silence : ces trois mots deviennent des signaux. Au fil des textes, ils réveilleront automatiquement en vous des ressources de calme, et pas n'importe lesquelles : les vôtres.

Profondément ailleurs

⁂

Les pieds dans l'eau, prête à partir. La lumière du jour filtre entre mes cils rapprochés. Je laisse derrière moi les désertiques monts du Sinaï s'enfoncer dans le ciel. Chacun son absolu, c'est dans la mer que je me jette. Bascule arrière, virevolte sous l'eau et je pique vers le fond. Je plonge, happée par le vertige comme Alice lorsqu'elle passe de l'autre côté du miroir. Le long d'un rayon du soleil, je glisse en oblique vers l'infini bleu de la mer Rouge.

Dans la fraîcheur où l'eau brille, l'effet mer m'allège aussitôt du poids des bouteilles d'air comprimé. Je suis une fontaine de bulles en néoprène. L'eau sans rives ne garde nulle trace de mon sillage. Je nage et tout redevient égal après deux battements de palmes. Tout corps plongé dans l'élément liquide se déstabilise et ne retrouve un nouvel équilibre que lorsqu'il se laisse porter. Laisse aller l'eau salée… Ce n'est pas l'algue qui danse, c'est la mer. Au-dessus de ma tête pétillent mille petites billes d'oxygène, un cordon de perles tendu entre mon corps et la surface. Je suis une rêveuse lucide dans un flacon plein d'étoiles.

Plus bas, la faune est dense. Cet endroit possède des récifs extraordinaires à des profondeurs suffisantes pour que les tempêtes n'abîment pas les coraux qu'ils abritent. Au-dessous de moi, un banc de *glassfishs* – fragiles petits poissons de verre – dessine des volumes fluides et changeants, comme le font dans le ciel les murmurations d'étourneaux. J'attends le nuage suivant et le traverse en descendant. Il se disperse à mon contact puis se reforme aussitôt.

Je me trouve à quelques brasses d'un jardin de corail. Cet animal-paysage abrite un monde entier dans la forêt de ses exosquelettes amoncelés. J'interromps la chasse d'un poisson-lion. Ma présence accroît l'effervescence du récif… Explosion d'anthias rouge-orangé autour d'un rameau d'algues bleues et défilé de costumes rayés : des poissons-papillons et des demoiselles à queue noire ondulent entre des bosquets d'anémones languides et des dentelles de gorgones géantes. Plus loin, au milieu des coquillages, une murène javanaise se fait nettoyer les dents par quelques petits labres appliqués. Entre voisins, la nature équilibre les besoins.

Je vide l'air de mes poumons et me sens tomber comme dans un rêve. Au fur et à mesure qu'augmente la distance avec la surface lointaine, je laisse plus de silence entre chaque respiration. L'apesanteur aquatique abolit toute référence. Dans l'incommensurable, je décolle d'un simple geste du pied. Je ne nage pas, je vole. Je redécouvre la possibilité d'être fluide. Ne suis-je pas, comme la Terre, composée à 70 % d'eau ? L'élément originel me délie. Ici, je ne suis pas sur une autre planète, je suis une autre personne…

Il y a une part de chimie dans l'ivresse qui m'envahit. La narcose, je le sais, provoque un dérèglement des sensations, un sentiment de béatitude qui s'explique par ces bulles d'azote infiltrées peu à peu autour de mes neurones. Mais, sans ce phénomène euphorique, la beauté alentour suffirait à voiler la raison.

Tout change : ma conscience, les dimensions, l'échelle. Devant le récif, je suis géante au pays des merveilles. Je contemple d'un coup d'œil l'infini labyrinthe d'une société de poissons. J'y retrouve mon obsession d'enfant pour les mondes engloutis. Petite fille, j'ai souvent contemplé, sur le miroir des lacs, l'autre moitié du ciel. Les paysages reflétés – mystérieux paradis à l'envers – me semblaient les portes d'un secret qui attendaient d'être traversées. Les légendes confortaient mes chimères car nos mémoires comme nos livres abritent bien des cités enfouies. À Brocéliande, je guettais les traces du royaume de la Dame du lac, et plus à l'ouest, au large de la Bretagne, celles de la cité d'Ys, fief légendaire de la sulfureuse princesse Dahut. J'aimais deviner entre les vagues la silhouette de ses murailles noyées. Je vivais ainsi entre deux mondes, comme tant d'enfants qui arrivent à conserver allumée en plein jour la lumière de leurs rêves.

Aujourd'hui, le spectacle de vie grouillant dans cette architecture de corail ressuscite devant moi la cité d'Ys au format poupée. Une ville faite de ravines, de nacre et de rocaille et animée par une valse muette et bariolée. Voici même, tout en bas, les jardins de Dahut : de petites algues blanches qui ressemblent à des bouquets d'azalées. J'ai donc eu raison de croire, tout au long de ces années, que les cités englouties m'attendaient quelque part. Il n'y avait qu'à plonger pour retrouver mes souvenirs et leurs splendeurs oubliées.

Il y a tant à découvrir en deçà de l'écume. Certains pourtant viennent ici comme sur un territoire de chasse, pour une photo, un coquillage, une rascasse… Que peut-on vouloir de plus que se fondre dans la parfaite harmonie d'un royaume sous-marin ? Le souvenir de l'instant est le seul trésor à garder. L'aiguille du manomètre de pression me promet encore quelques heures de voyage. Un peu plus tard, je retrouverai la surface comme l'aube le soleil. Pour l'instant, je reste encore de ce côté-ci du miroir.

Sur le sable, tout au fond, un énorme poisson-scorpion, au mimétisme presque parfait, observe le passage d'un banc de poissons-écureuils. Il s'évanouit soudainement à l'endroit où le récif s'incurve. Je devine l'entrée d'une grotte invisible... J'entends alors la petite fille en moi prendre le dessus, elle insiste : « Viens voir dessous ! » me dit-elle.

Imaginer

La rêverie est l'antichambre du sommeil. Nous nous y perdons tous avant de dormir, sans estimer toujours à sa juste valeur cet écran mental sur lequel se projette le film de nos pensées. L'imaginaire est pourtant un moteur qui accroît le champ des possibles.

En effet, notre cerveau ne fait pas vraiment la différence entre le virtuel et le réel. Quand on imagine une action, les zones du cortex qui correspondent à la réalisation de cette action « s'allument ». C'est d'ailleurs le socle de l'hypnotisme : « Toute cellule cérébrale actionnée par une idée actionne les fibres nerveuses qui doivent réaliser cette idée. » Ce que l'on se suggère produit des effets physiques véritables, internes tout d'abord mais pas seulement. L'imagination « possède la force de commander et de transfigurer le réel », notait François Roustang.

Si nous guidons notre imaginaire dans le sens de nos envies, nous pouvons prévoir, tester et ressentir la manière dont elles se concrétisent. S'immerger dans une rêverie devient une façon de nous programmer neurologiquement, de mettre en place toutes les nouvelles connexions neuronales qui vont aider à mettre en place nos désirs et besoins.

Depuis toujours, les contes infusent notre imaginaire avec des métaphores salutaires. Ici, certaines histoires sont des allégories de l'endormissement (« Ultreïa ! »), quand d'autres symbolisent une façon d'affronter et de vaincre ce qui nous empêche de fermer l'œil (« Rose et Saturnin »). Certaines métaphores sont gigognes, imbriquées les unes dans les autres (« Une heure source »). Elles ouvrent alors sur différents niveaux de lecture. Comme un antibiotique à large spectre, elles cherchent à balayer plusieurs causes potentielles d'insomnie.

Ces contes contournent les résistances de la conscience critique, qui ne percevra pas directement le sens caché du récit. Il n'y a en fait aucun besoin d'analyser une histoire thérapeutique pour qu'elle fonctionne car elle est conçue justement pour s'adresser directement à l'inconscient. Elle lui parle dans sa langue – celle des rêves, de la poésie, de l'intuition. Les symboles sont son alphabet et la mythologie sa grammaire.

Les histoires sont les plus anciens des remèdes parce qu'elles sont des forces agissantes qui manient l'énergie de puissances symboliques actives. Elles envoient un message salvateur au corps et à la psyché pour qu'ils raniment ensemble leurs propres processus de régulation et de guérison.

Ainsi plantée dans ce continent enfoui qu'est l'inconscient, chaque métaphore est une graine de métamorphose.

Au-delà de Sagittarius A*

*
* *

C'est en chacun de nous que le ciel s'enracine. Quand elle s'allonge dans l'alcôve capitonnée en verre blanc, Ella Shepard se remémore toujours le rituel de ses soirées d'enfance, ces moments précieux où sa mère, célèbre professeure de littérature française du XXIIe siècle, s'asseyait au bord du lit pour lui réciter de mémoire un poème ancien, vestige de l'époque révolue où la science et la poésie n'étaient pas encore réconciliées par la découverte des équations de la V.I.E.

C'est en chacun de nous que le ciel s'enracine. C'est ce vers en particulier qui est profondément ancré dans les souvenirs d'Ella Shepard. Elle a d'elle-même, très tôt, enlevé le point d'interrogation qui ponctuait initialement la phrase. Car, aujourd'hui, la question ne se pose plus. Les spationautes comme elle pratiquent désormais, pour effectuer leurs missions interstellaires, une simple projection de conscience menée sous le contrôle des procédés de CosmoVIEsion les plus avancés.

La V.I.E., née de l'étude scientifique et interdisciplinaire des vibrations, informations et énergies, a balayé les vieilles impasses spatio-temporelles dans lesquelles l'humanité s'enlisait. En modélisant les interactions entre le champ psychique et la physique traditionnelle, la V.I.E. a démontré qu'il n'y avait nul besoin de déplacer des particules – et à plus forte raison des vaisseaux – pour expérimenter un voyage dans l'espace. Depuis près de trois siècles, on sait que les particules possèdent les propriétés des ondes et que l'intrication quantique peut lier deux d'entre elles au-delà de toute distance… Mais il a fallu attendre les découvertes de la biophysique de la conscience pour rendre tout cela cohérent. Depuis qu'on sait caractériser leurs états quantiques aussi bien que leurs états classiques, il est possible de faire communiquer la lumière avec la matière, mais aussi avec les pensées et les émotions car toutes possèdent une même nature de type vibratoire. Dans la perspective posteuclidienne de la cosmologie cyclique quantique (C.C.Q.), ce procédé fonctionne tout aussi bien sur des distances intersidérales. Bref, puisque la matière se reflète dans la conscience et inversement, le cosmos tout entier se tient désormais à la portée de nos yeux fermés.

Depuis sept ans, Ella Shepard est membre des prestigieuses Celestia Studies. Elle a entrepris des centaines de voyages en cosmoVIEsion et a cartographié plusieurs secteurs de la Voie lactée. Elle connaît mieux que quiconque le subtil mélange d'harmonie et de chaos qui préside à l'équilibre cosmique. C'est avant tout pour cela qu'elle a été choisie pour accomplir l'ambitieuse expédition au cœur de Sagittarius A* : une immersion volontaire dans le processus interne du trou noir super-massif qui perce le centre de notre galaxie. Quelle que soit l'époque, les trous noirs – ces tourbillons célestes auxquels Descartes attribuait l'origine des choses – demeurent des anomalies, des points de suspension des règles de la matière qui fascinent autant qu'ils inquiètent. La mission consiste à plonger au plus profond de ce vortex d'énergie invisible pour pouvoir observer les variations biophysiques en vigueur au plus près de la singularité qui s'y cache. (C'est ainsi que se nomme le point infinitésimal où est concentrée toute la matière de l'étoile qui, en s'effondrant indéfiniment sur elle-même, a créé un trou noir.) Ella a hâte d'en avoir le cœur net.

À l'abri de l'alcôve encore entrouverte, serrée dans un silence ouaté, Ella respire lentement des bouffées du parfum tiède et presque sucré qui se diffuse peu à peu dans la pièce. Tous les détails, toutes les étapes et toutes les sensations sont optimisés pour favoriser ce qu'on appelle toujours l'« envol ». Il est en effet essentiel qu'aucune interférence ne vienne perturber l'homéostasie requise à la bonne marche du voyage. Les spationautes sont comme les chats : on ne réveille pas celui qui dort.

Au-dessus de la couchette, le couvercle est un écran translucide. Les données électroencéphalographiques s'y illuminent déjà. Des sinusoïdes phosphorescentes défilent. Les observer quelques instants serait un processus hypnotique en soi, mais Ella Shepard doit se conformer à un protocole bien plus précis – une succession de trois phases qu'elle a elle-même mises au point.

La première repose sur une connexion émotionnelle à l'enfant que l'on a été, par la grâce d'un souvenir revécu pleinement. Ce procédé basique permet d'étendre considérablement les possibilités imaginatives nécessaires à la bonne réception des données. Ella repense toujours aux poésies de sa mère et à son petit lit blanc.

La deuxième phase consiste à porter une intention claire sur la destination du voyage. En récitant mentalement ses coordonnées exactes, la puissance électrique de la pensée permet de les voir s'inscrire autour de la sphère de cristal qui est insérée dans le couvercle de l'alcôve d'envol. Cette sphère fait office de boussole psychique. Une fois le couvercle refermé, elle vient se positionner pile au centre du thorax du voyageur – sur le thymus exactement.

La dernière phase est celle de la synchronisation cérébrale. Il s'agit d'activer à leur niveau maximal les compétences conjointes de l'hémisphère gauche et de l'hémisphère droit – une façon pragmatique de coordonner la puissance de la raison à celle de l'imagination. Chaque fonction cérébrale correspond en fait à une zone précise de l'encéphale : le langage, la lecture ou le calcul sont latéralisés à gauche, le groupe « perception, action » et les émotions correspondent au lobe temporal droit, et la prise de décision repose plutôt sur des régions du lobe frontal. La clé est de décrire plusieurs fois d'affilée un parcours précis d'activation de ces zones pour générer un flux électromagnétique en forme de 8 horizontal qui viendra se resserrer au centre du cerveau au niveau de la précieuse glande pinéale. Cette véritable antenne électromagnétique est le principal organe de la VIEsion intérieure.

Ella s'amuse de ce protocole scientifique aux allures de formule magique consistant à alterner des pensées rapides qui peuvent paraître insensées : elle s'imagine successivement manger, courir, elle prononce un mot, invente un objet, pense à un visage qu'elle aime, résout un calcul et puis recommence. Au fur et à mesure, cette forme de 8 allongé apparaît sur le couvercle-écran et les capteurs attestent que la glande pinéale commence à vibrer. Au seuil de quarante hertz, le couvercle se referme. Dans l'alcôve en verre close, la sphère de cristal se pose et fait résonner l'information de la destination avec l'ensemble des neurones de la zone cardiaque.

Dans cet état d'ondes gamma, on perd généralement la notion de temps. Il devient d'autant plus difficile de se concentrer alors sur l'objectif de la mission. Mais les capacités de focalisation d'Ella Shepard sont exceptionnelles. Dix, neuf, huit. Elle approche de cet état crépusculaire, celui-là même que l'on éprouve fugitivement au moment du réveil ou en s'assoupissant. Sept, six, cinq. Elle ressent l'impression de tomber, il faut surfer sur le frisson cosmique. Cinq, quatre, trois. Elle se dirige vers son point de chute, il ne s'agit pas de se déplacer, mais plutôt de se « situer » dans l'espace-temps. Deux, un, zéro. Tout s'éveille en dedans. En quelques secondes, la conscience a franchi vingt-six mille années-lumière. Ella Shepard semble alors paisiblement endormie mais les graphiques luminescents confirment qu'elle vient bien de se situer, comme prévu, dans une zone surplombant légèrement le légendaire, massif et cyclopéen trou noir : Sagittarius A*.

La cosmoVIEsion enregistre, décode et archive en temps réel toutes les images et sensations psycho-corporelles perçues par les voyageurs. Elle a choisi d'inhiber, bien sûr, la perception des températures et s'accommode d'une impression de gravité faussée par l'absence de la masse des corps qui ne sont pas réellement exposés dans ce système. Disons qu'elle capte les impressions avant qu'elles s'expriment dans la matière – ce qui demeure une véritable aubaine pour qui s'apprête à visiter un trou noir où le gradient de gravité est extrême.

Ella se découvre d'abord abritée dans les franges d'un nuage moléculaire où palpitent les premiers rayons de jeunes étoiles. Par-delà les nuées, elle distingue une étendue d'espace qui se ride et ondoie comme la surface de la mer. Un large tourbillon de gaz, de poussière et de vapeurs de lumière bourdonne. Elle reconnaît le disque d'accrétion qui s'enroule et couronne une sphère vide : c'est l'antre de l'obscur vorace. Vu d'ici, ce trou noir, on dirait l'œil aveugle du dieu des Ténèbres.

Ella se situe rapidement un peu plus près du bord et approche le premier cercle avant le puits. Là, l'écume de l'abîme resplendit dans le crépitement d'interférences électromagnétiques. C'est l'horizon des événements, au-delà duquel plus aucune particule ni aucun rayonnement ne pourront échapper au vide. Ella s'imprègne du panorama et dompte son vertige. D'étranges floraisons de lumières naissent à son contact. L'effet Doppler lui donne l'impression d'être une flamme rougeoyante en mouvement. Tout autour d'elle se diffractent les images fantômes de la Voie lactée. Le détournement des rayons lumineux, ceux qui frôlent le trou avant qu'il les absorbe, les reflète à l'infini. Aux confins du cosmos, le chant du cygne est un feu d'artifice.

Par contraste, ces lueurs en spirale rendent plus magnétique encore l'insondable gouffre mat. Elle ressent la peur presque aussi forte que l'envie. Que restera-t-il tout en bas ? Ella progresse par paliers, elle ne peut avancer de manière continue car elle veut éviter les aberrations visuelles dues à un point de vue qui irait quasiment aussi vite que la lumière. Sans même s'en apercevoir, elle franchit la lisière, le point de non-retour qui déchire le tissu de l'espace et du temps. Ella se laisse happer.

La nuit s'épaissit et l'enveloppe. Au-dessus d'elle, le cosmos tout entier, tous les astres allumés, deviennent un seul troupeau serré. L'entrée de l'abysse lui apparaît désormais comme un simple et lointain denier doré. Ella décide de se situer encore un peu plus bas. Il lui semble que tout en elle se condense, elle se sent terriblement présente, ses pensées sont de moins en moins éparpillées. Il n'y a plus rien à voir à l'extérieur, mais tout à ressentir. Tout s'enchevêtre. La matière est si compressée, si compacte… On dirait qu'elle n'a pas encore créé le temps. Ella est dans cet instant et cet instant est en elle. L'expérience du trou noir provoque une révolution au sens littéral, elle retourne le regard vers l'intérieur. Ella sait que les atomes de son corps vibrent autour de 99,9 % de vide – un vide quantique plein de potentiels et d'informations. À force de se compacter dans l'infinie gravité, ce vide peu à peu semble s'échapper, éclater en elle comme les innombrables bulles de savon d'une écume en mouvement. Une à une, ses particules sont comme exsudées de tous leurs programmes et informations. Ella fait peau neuve près du noyau du néant.

Elle aperçoit alors au loin, tout au fond, un autre disque d'or, une étoile immobile, comme une lumière au bout du corridor. L'univers semble s'être retourné comme un gant. Ella comprend qu'en descendant au niveau de la seconde extrémité du vortex, selon toute vraisemblance, du vide s'insufflera de nouveau dans sa chair, elle entrera en expansion, réinformant chacun de ses atomes avec les germes d'un nouveau futur. Les trous noirs absorbent l'éphémère. Mais ce ne sont pas des cannibales. Plutôt les points dans l'espace où l'éternité tisse le temps.

Tout s'éclaire. L'homme et l'univers sont des phénix. Ella Shepard va devoir l'expliquer en rentrant.

Semer la confusion

Notre mental est une machine magnifique mais redoutable. Notre capacité à analyser, disséquer, évaluer est insondable. Nous pouvons toujours créer une pensée à partir d'une autre pensée, de même qu'en mathématiques nous pouvons diviser à l'infini. C'est bien là le problème pour nombre d'entre nous. Au moment de dormir, le flot des pensées nous submerge et nous condamne à tourner en rond comme un hamster dans sa roue.

Plusieurs techniques hypnotiques visent à désarçonner le mental, à « dépotentialiser » la conscience. On recourt par exemple à l'art de la confusion pour ouvrir une brèche de non-sens dans le flot rationnel du discours intérieur. Celle-ci vient inhiber le fonctionnement du néocortex, notre cerveau rationnel, dont les programmes par défaut sont souvent à l'origine de nos ruminations. Si notre esprit se sent embrouillé, notre cerveau se retrouve soudain dans un état d'activation inconnu. Il devient alors plus suggestible car il est prêt à accepter n'importe quel nouvel état pour débloquer son système. La confusion est donc un moyen pragmatique de briser le cercle vicieux des cogitations, de créer une échappatoire.

Plusieurs artifices sont disséminés au fil des textes pour dérouter le fonctionnement logique et linéaire du cerveau analytique. On peut par exemple susciter des « ruptures de *pattern* » en insérant des phrases brèves, *a priori* absurdes, qui agissent tels de petits courts-circuits intérieurs – un peu comme ces courtes énigmes zen que l'on nomme *koans* (« Demain est une autre nuit », « Une illusion peut-elle exister ? »). D'autres passages ont des propos volontairement vagues, presque surréalistes. Ce type de discours flou conduit à une hypovigilance et plonge dans un état d'« entre-deux ». Une autre astuce est de noyer le lecteur sous un flot d'informations : un vocabulaire technique trop précis ou un catalogue de noms d'espèces lui fait perdre le fil petit à petit. Ces procédés neutralisent nos cadres conscients habituels et permettent de mieux accepter les multiples suggestions de détente et de lâcher-prise qui sont cachées dans les textes.

Alors, ouste ! les ruminations, les programmes, les listes de courses et de choses à faire qui agitent nos neurones en permanence. Ne faut-il pas, comme l'écrivait André Breton, « du chaos pour faire naître une étoile qui danse » ?

Avec l'ours

*
* *

Les rayons de la pleine lune filtrent à travers les feuillages. Sous les frondaisons, les ombres et lueurs ont les reflets argentés de l'astre. L'homme qui traverse le lieu s'applique à avoir une démarche légère et lente. Il n'est pas chez lui. Il s'efface comme il peut, même s'il ne peut rien. La forêt nocturne est si pleine de silence que chaque bruit le déchire avec fracas. L'homme sait déjà cela. C'est pourquoi il cherche. Entre les arbres, devant la montagne, bien loin de la route, il a besoin d'un endroit pour voir sans être vu. Un affût.

Il quitte le sentier et part à droite. Il disparaît entre une souche et un arbrisseau, s'enfonce plus profondément encore au cœur du bois. Sous une arche de branchages, il passe comme on passe une frontière. Le cri du petit duc résonne tel un signal. Les ramures derrière lui se resserrent. La forêt slovène est une forêt de fables, un labyrinthe sauvage toujours plus impénétrable. Mais l'homme n'est pas perdu. Il sent le chemin sous ses pieds. Ceux-ci devinent comment les racines se nouent et sortent du sol. Il avance en écoutant l'écho des feuilles mortes et celui des tapis de bruyère.

De l'ombre surgit une autre ombre, celle d'un tronc ou d'une fougère. Il s'enfouit davantage. Il choisit d'aller toujours plus loin, jusqu'à ce que – maintenant, ici – un sapin de bonne envergure offre la pénombre de branches assez basses, avec, devant l'arbre, une zone plus dégagée, plus éclairée, un bosquet de hêtres que baigne la lumière de lune.

L'homme pose son sac. Il en retire, avec des gestes précis, plusieurs carrés de toiles pliées qu'il suspend savamment entre les branches pour construire une cabane sommaire. Les étroites fenêtres sont créées par l'espace laissé vide entre deux morceaux de tissu. Au sol, il étend un léger matelas couleur d'aluminium. Il s'assoit et dispose près de lui un appareil photo et un calepin. Après quelques mouvements indécis, il trouve une position confortable. Le dos droit, il ralentit peu à peu sa respiration jusqu'à s'immobiliser totalement. Là commence vraiment le silence. L'homme attend que la nature l'oublie, que la faune se rassure.

La patience encore neuve, gonflée par la promesse de l'animal invisible, il a confiance plus que hâte. Il a vu en amont de la piste l'empreinte d'une patte laissée dans la boue fraîche. Alors il accroît son espace de perception comme on réglerait un paramètre mécanique. Il affine son ouïe et aiguise son regard. À l'affût, il faut tout écouter, tout voir, poser son attention sur l'espace devant, derrière et tout ce qui l'emplit.

Les heures passent une à une, les heures passent deux par deux. Le froid resserre son étreinte et le veilleur attend encore dans son noir refuge. Ses yeux se fatiguent dans l'obscurité, ses paupières s'alourdissent. Le sommeil rôde alentour et quelques loirs aussi. Il ne faut pas dormir. Dans sa tête, l'homme glisse peu à peu de l'analyse à la rêverie. Au diapason des énergies du lieu, il ressent désormais combien il fait partie de tout ce qui l'entoure. Il inspire la brume exhalée par la tiédeur de la terre, il expire le vent qui fait tanguer la cime des arbres. Il est dans chaque parcelle, feuille, brindille, ronce, écorce, caillou. Tout est poreux, tout l'envahit. Dans ce cocon magnifique, l'observateur se dissout, seule demeure la contemplation.

C'est à ce moment précis de silence et de paix que l'ours surgit. La bête n'émet pas un bruit mais fait pourtant tressaillir les arbres et le cœur de l'homme par sa seule présence. Elle avance, calme et massive. Sa fourrure grise, dans la faible lumière, s'auréole sur les contours, rendant l'apparition fantomatique, presque irréelle. L'ours balaie le feuillage jaune d'or des hêtres d'un coup de patte. Il s'accroupit avec la grâce d'un lutteur de sumo et entreprend de gratter à la base du bosquet. Il cherche des faines à manger. Il grogne doucement, par à-coups, avec la nonchalance de celui qui se croit seul.

Dans les Balkans, l'ours, on le nomme à peine, même s'il est là tout le temps. On le devine tapi dans les sous-entendus des montagnards chez qui le Grand Brun est un mythe vivant. On le repère dans les chants et les jeux des enfants. On leur a raconté tant d'histoires. Leurs peluches ne sont pas des ours par hasard… Ils savent que cet animal est un totem qui les protège et dissipe leur peur de s'endormir seuls dans la nuit noire. Il apparaît aussi dans les plus vieilles mémoires. Les ancêtres se souviennent qu'il y a fort longtemps, les hommes étaient également sauvages et vivaient non pas dans la forêt, mais avec – ce qui est différent.

L'homme devant la bête se sent revenu au temps des légendes. Il ne la quitte pas des yeux et dresse doucement sa caméra entre eux deux. Mais l'ours grogne plus fort. Il sait, il sent. Il vient de repérer la présence cachée. Il se redresse et ses deux paires de pattes se retournent ensemble. Sa tête, trop grosse, sombre et velue, fait tout à coup face à l'intrus. L'animal plante son regard dans celui de l'homme. L'intensité suspend le temps.

L'homme est figé par les yeux obstinément immobiles du fauve. Ils ont un éclat terrible. Leur lumière sombre est telle que l'homme, en la fixant, se sent face à l'énergie vorace d'un trou noir. Il est absorbé dans ses pupilles comme le sont dans le ciel les particules de lumière happées par le vide. Le souffle même de sa respiration disparaît. Il n'y a plus que l'ours désormais.

L'animal se met debout. Il n'en finit pas de devenir plus grand et, dans un rugissement qui a un son de caverne, il délivre son message.

« Je suis l'ours. Tu me cherches et tu te tiens debout devant moi. Alors regarde-moi. Vois ma force. Je suis le gardien de la terre. Je n'ai rien à prouver à quiconque. Ma puissance ne m'effraie pas. Quand vient le temps je chasse, quand vient le temps je dors. Ne crois pas que je suis faible parce que j'hiberne. Je ne me cache pas. Je ne me retire pas du monde, je me régénère pour le construire à nouveau. Je maîtrise à la fois ma puissance et ma lenteur. Vois. Apprends, toi aussi, à ne trembler ni devant l'une ni devant l'autre. »

Une énergie incroyable irradie de ce gigantesque corps hirsute. Quelque chose qui saisit et enveloppe tout à la fois. L'ours reste là et laisse le bruit s'évanouir à nouveau. Puis il s'assoit tout à coup sur ses pattes arrière en faisant vibrer la terre. Il s'écarte, jette un dernier regard et s'en va. Il s'éloigne sans hâte. Il suit une piste qu'il est le seul à connaître, entre l'infinité des arbres et le fouillis des buissons. Il dévale le versant de la montagne jusqu'à l'endroit où les bois débouchent sur la clairière. La forêt s'ouvre et le ciel se déploie. L'ours gris court devant son ombre. L'aube est loin. Là-haut, les étoiles brillent pour quelques heures encore.

Être guidé

Et si, finalement, il n'y avait plus à penser et à faire, mais juste à écouter et à se laisser traverser, les choses ne seraient-elles pas plus simples ?

En hypnose, le changement intérieur est impulsé grâce à des suggestions adressées à l'inconscient, à la faveur de la transe. Comme des images subliminales, notre cerveau les détecte même si nous n'en sommes pas conscients.

Un hypnotiseur connaît plus d'un tour pour faire passer ses instructions. Par exemple, pour susciter un assentiment, il utilise des formules qui appellent automatiquement une réponse interne positive. C'est le cas des truismes, des lieux communs et autres évidences qu'on ne peut que confirmer (« Toute la journée, on avance vers le couchant »). Accumulées, ces acceptations tacites modulent notre disposition intérieure et créent un état d'esprit ouvert aux autres suggestions à venir.

Ces histoires regorgent donc de messages à mots couverts. Certains prennent la forme de « commandes enrobées ». Elles surgissent entre les lignes comme des ordres bienveillants (« Il est l'heure désormais de partir »). D'autres sont plus cryptiques. Ainsi, la technique du saupoudrage noie une seconde phrase dans une première (« Dora présente » pour « Dors à présent »). Il y a des messages cachés dans des citations (les paroles de chansons notamment), des jeux de mots et même du verlan…

Nous sommes plus enclins à suivre des directives implicites plutôt que des ordres directs. Puisque nous décodons ces messages dans notre for intérieur, ils s'imposent à nous comme des *insights*, des prises de conscience intuitives, des impulsions internes. Les suggestions indirectes contournent ainsi nos résistances et nous aident à mettre en place ce que notre seule volonté échoue à faire.

Ces conseils tressent un fil conducteur qui vous guide et vous garde dans la bonne direction. C'est un langage d'influence plus que de manipulation. Alors, puisque votre objectif est de dormir, laissez les choses se faire. Laissez-vous guider. Accueillir n'est-il pas la première condition pour recevoir ?

La promesse de Khépri

*
* *

Soudain, le vent offre un moment de repos. Sept visages, un à un, se relèvent. Leurs regards se perdent dans le paysage magnétique. On ne s'habitue pas à contempler la silhouette blonde du sanctuaire de Karnak dans la pleine lumière de l'Égypte.

Au cœur de ce dédale de ruines majestueuses – temples, colonnades, idoles et stèles gravées de hiéroglyphes –, c'est une modeste chapelle consacrée à Osiris qui concentre cette année l'attention des spécialistes. Archéologues, conservateurs, restaurateurs, tailleurs de pierre, topographes ou architectes, égyptiens, soudanais, français ou québécois, tous les chercheurs s'unissent ici autour d'une même obsession : celle de toujours mieux connaître Osiris, le dieu mythique aux cent quinze noms.

Osiris a fasciné les hommes de tous les siècles. Quel autre dieu a triomphé par deux fois du sommeil de la mort ? Le « souverain de l'éternité » est l'emblème de la puissance et de la régénération. L'Égypte antique a donné son nom aux forces naturelles qui permettent que tout ce qui semble mort fructifie à nouveau. Il est le roi ressuscité, mais aussi le Nil, qui croît et décroît chaque année, et la lumière du soleil, qui disparaît chaque soir mais tous les matins renaît.

Le faste du culte osirien s'éparpille désormais dans la poussière de cette chapelle fragilisée par le temps : un petit édifice de grès situé à l'ouest, le long de la grande voie menant du temple d'Amon au temple de Ptah. Ainsi est Karnak, ses routes sont des chemins entre les dieux. Pour un égyptologue, œuvrer dans ce site prestigieux est un privilège… « Et un sacerdoce aussi ! » grommelle, en ce moment même, Asma, une jeune doctorante du Caire qui s'applique, depuis plusieurs jours déjà, à dégager ce qui fut une fosse creusée au seuil du temple.

Fouiller la terre, c'est se confronter d'abord à ses propres limites, celles du corps, celles de la matière… Imaginez ! Vous êtes presque immobile, en équilibre, agenouillé sur une planche étroite légèrement au-dessus du sol. La tête courbée, vous vous focalisez sur l'espace exigu qui vous fait face. Un à un, votre pinceau disperse les grains de sable d'un geste répété. Et un à un, les grains de sable s'envolent en vous piquant les yeux. L'œil et la main qui se guident l'un l'autre vous bercent inlassablement dans ce lent travail. Mais il faut toujours garder ce rythme, sans agir avec des mains grossières pour ne pas dépouiller ce lieu comme on enlèverait au papillon la poussière colorée de ses ailes.

Asma espère avec patience que son geste soit enfin interrompu par une découverte, quoi que ce soit qui viendrait confirmer son hypothèse de thésarde. Elle suppose que le dépôt de fondation de la chapelle est enterré ici même, depuis plus de deux mille ans. Au temps des pharaons, un rituel consistait à enfouir plusieurs objets sacrés pour protéger les édifices que l'on voulait ériger. Ces dépôts sont souvent recherchés par les archéologues, mais rarement trouvés. Asma se répète qu'aujourd'hui est un beau jour pour une belle surprise...

Mais les surprises, par définition, ne sont jamais celles que l'on attend. Le seul événement qui vient finalement distraire sa journée est la rencontre avec un majestueux scarabée noir, qu'elle aperçoit tout à coup, bien vivant, émerger du sable blanc. La trouvaille semble anodine, mais Asma aime interpréter les signes. En Égypte, le scarabée sacré est, tout comme Osiris, le messager du renouveau.

Elle contemple quelques instants l'insecte brillant. Arc-bouté, il s'applique à faire rouler une boule de fumier deux fois plus grosse que lui. C'est en observant cette habitude que, dans l'Antiquité, le peuple du Nil a associé le coléoptère à la figure de Khépri, le dieu du Soleil en devenir. Cette petite bête qui déplace devant elle une sphère parfaite leur évoquait la course de l'astre en plein jour. La petite boule est aussi porteuse de renaissance puisque le scarabée y dépose ses œufs avant de l'ensevelir dans le sol.

Cette leçon de sciences naturelles est une vraie parabole. Elle enseigne la perpétuation et parle de métamorphose. Mille significations mystiques découlent de ce sens premier. Le scarabée devint l'un des symboles les plus ésotériques de la culture égyptienne : emblème du soleil levant, il représente aussi la vie après la mort. Son image protégeait les momies.

Bien sûr, Asma aurait préféré découvrir aujourd'hui une authentique amulette mais elle voit ce face-à-face avec Khépri comme un heureux présage. Khépri, c'est la promesse de l'aube, celle du lendemain qui vient toujours renouveler nos forces et nos espoirs. Alors elle décide de faire confiance et de laisser un nouveau jour lui apporter ce qu'elle cherche en creusant. Pourquoi tout vouloir maintenant ?

Elle attendra demain pour dévoiler le passé. Nos désirs et nos souvenirs s'emmêlent et nous encombrent trop souvent. Nous imbriquons en un seul instant le passé, le présent et l'avenir. En tant qu'archéologue, Asma sait mieux que quiconque que le temps n'est pas linéaire, qu'il se superpose plutôt, comme ici, dans le sol sous ses pieds. Dans les strates archéologiques, tant de niveaux d'âges et de constructions sont empilés les uns sur les autres… Il appartient au fouilleur de démêler ce qui se percute d'abord, à l'instant T, dans une couche sédimentaire embrouillée. L'archéologue devient un passeur qui réorganise les siècles. Et pourtant, il détruit aussi systématiquement ce qu'il veut sauver de l'oubli. Tout ce qu'il recherche patiemment est extrait de la matière du temps. Voilà pourquoi plutôt que de chercher avec hâte, il est si important de noter chaque modification du sol, seconde après seconde. Et, quand un objet refait surface depuis ces espaces souterrains, le vestige, tel le rêve, ouvre une brèche entre deux mondes. L'archéologue tient enfin dans ses deux mains le passé. Il le recueille pour les générations futures. Sa tâche n'est pas un point arrêté sur la flèche du temps, mais plutôt un rouage de ce cycle qui s'enroule et change perpétuellement demain en hier, et hier en demain.

Le vent souffle à nouveau tandis que les rayons solaires s'abaissent au plus près des dunes lointaines. L'astre a brûlé tout le jour et rougeoie désormais comme un disque de braises. Entre deux obélisques, des palmiers dressés effleurent un ciel vide. Asma regarde le crépuscule envahir le labyrinthe des temples et se refléter sur les statues des dieux. Dans le soir, la rumeur des touristes se dissout peu à peu. Tout se calme. Ici, le silence est d'or, littéralement. À l'ouest, le feu s'enfouit dans la terre.

Le soleil ne se cache pas de l'autre côté du monde, il s'allume en dedans et réveille nos rêves pour qu'à l'aube ils infusent le jour présent. C'est dans l'obscurité que l'on renaît. C'est le secret de Khépri et celui du soleil aussi.

Asma est partie. Aujourd'hui encore, le trésor d'Osiris dormira dans la nuit des sables.

Chasser les peurs

Si les grandes personnes n'ont pas peur du noir, certaines, pourtant, ressentent une angoisse plus ou moins avouée face au vide et à la séparation que représentent le sommeil et la nuit. Dormir, c'est mourir un peu... Notre inconscient crée parfois une analogie entre la posture immobile de quelqu'un qui dort et celle du dernier sommeil. Difficile dès lors de fermer l'œil. D'autant plus que, du point de vue matérialiste, seule la vie (et par extension l'éveil) a une valeur et un véritable sens. La mort, elle, ne serait que néant.

Une peur ancrée dans les méandres de notre cerveau peut enrayer tout notre système : comment se laisser aller si nous nous considérons, même inconsciemment, comme étant en danger ? Les émotions primaires sont traitées comme des informations prioritaires dans notre complexe cérébral. Impossible de passer outre à ce système d'alarme intuitif qui relie en circuit rapide le thalamus et l'amygdale.

Par contre, grâce à un deuxième circuit plus lent, notre cerveau réévalue ensuite la justesse de notre réaction. Grâce à un détour par le néocortex, la cause de notre peur est alors confrontée à nos souvenirs et croyances.

Nous pouvons agir à ce niveau. En faisant évoluer nos cadres de références nous nous donnons en amont les moyens d'accueillir et de réévaluer nos peurs plutôt que de les fuir ou les combattre. La notion d'intelligence émotionnelle a d'ailleurs démontré que plus le néocortex est riche d'informations, plus cela limite les risques d'un « coup d'État émotionnel » qui nous met à la merci de nos angoisses.

Pour cela, plusieurs histoires réexaminent l'idée qui juge le sommeil au mieux comme une perte de temps, au pire comme une reddition, voire un anéantissement. « La promesse de Khépri », par exemple, s'appuie sur la symbolique égyptienne pour valoriser ce qu'apporte la nuit. Les valeurs nocturnes d'intériorisation, de germination préparent une régénération physique et spirituelle. Il s'agit de redonner confiance au dormeur qui rejoint dans le sommeil non pas un néant insensé, mais un terreau fertile pour son âme. Nous avons parfois peur de perdre quelque chose en dormant, la question s'inverse alors : qu'est-ce que nous perdrions à ne pas dormir ?

D'autres nouvelles, construites autour d'un personnage unique, exaltent aussi la notion de solitude. En effet, on s'endort seul, et cette évidence peut engendrer une anxiété à l'origine de certains troubles du sommeil. À travers l'expérience des personnages, on se familiarise avec la plénitude de la simple présence à soi.

Chasser les peurs nécessite de briser les croyances qui nous limitent et nous parasitent pour s'affranchir enfin du périmètre restreint qu'elles nous imposent. Non pas pour sortir – bon gré, mal gré – de notre zone de confort, mais bien pour l'agrandir et bénéficier d'un terrain d'exploration plus vaste… Parce que nos nuits peuvent être aussi belles que nos jours.

Atte(i)ndre

*
* *

Emmitouflé dans mon épais manteau bleu, bras et jambes croisés bien serrés, je pose le front contre le froid de la vitre embuée. Différents niveaux de transparence s'enchevêtrent au travers. Au premier plan, les détails pixélisés d'une vitrophanie adhésive affichent les couleurs criardes d'une compagnie *low cost.* Derrière, je devine la masse floue du reflet des autres voyageurs en sursis ; de l'autre côté, le sillage des gouttes de la pluie récente ; et en plan large, le spectacle des avions qui manœuvrent.

Une à une, les gouttes inventent un nouveau chemin pour descendre. Leur chute dessine une jolie dentelle éphémère. Dehors, l'orage est passé. L'asphalte sombre de la piste humide est constellé de flaques dorées qui renvoient vers les nuages pâles l'éclat du soleil revenu… Éblouissement.

J'aime garder dans l'œil l'empreinte d'une lumière trop vive. Cela efface quelque temps des morceaux du paysage où je promène mon regard. Rien ne le retient longtemps. Les pistes d'envol sont devenues un spectacle mineur pour ce siècle. Un léger trouble me saisit quand même devant l'audace de l'avion qui décolle.

Un vertige à l'envers, comme si je tombais moi-même dans le ciel grand ouvert.

Mais l'immensité attendra. Mon vol est reporté. Rien de précis. On vous appellera. Cela fait plus de deux heures déjà. Les yeux rivés sur les aiguilles de l'horloge centrale, je recommence à compter. J'additionne les heures de retard aux temps de transfert, je soustrais l'accès à la navette spéciale et je multiplie le tout par les complications inévitables... Je dois me rendre à l'évidence, tout calcul est inutile puisque nous sommes – littéralement – pris en charge. Plus rien ne m'échoit désormais. Les minutes qui étaient si précieuses quand je pensais encore pouvoir être à l'heure s'égrènent désormais dans une profusion inutile.

La patience est un destin immobile sur une banquette en plastique moulé. Les sièges du hall d'attente sont durs, glissants, orange vif. Comment diable s'y laisser aller ? Tout en eux décourage l'indolence. Je m'applique à trouver puis à maintenir la posture la mieux adaptée à leurs courbes rigides. L'obsession du temps m'offre un répit et ma vigilance des premières heures s'effiloche. Entre le désir et l'ennui, il y a alors beaucoup de vide à remplir. Je cherche en vain quelques circonvolutions auxquelles me raccrocher, mais finalement, puisqu'il n'y a pas de problème à dénouer, l'attente elle aussi devient stable.

Un regard jeté à la ronde augmente légèrement la taille de la bulle que j'ai créée autour de moi. La proximité avec les inconnus s'orchestre selon l'art subtil de l'inattention dirigée. Coups d'œil rapides, chassés, croisés. Je veille à rester absorbé en moi-même, à ne surtout pas m'étonner alors que j'ai toujours trouvé fascinante la première rencontre avec le visage des gens.

Une conversation un ton plus bas que le brouhaha capte mon attention. Je décroise les jambes et tends l'oreille. Le dialogue est à peine audible.

« Personne ne s'en rend compte…

— Tu sais ce qu'il dit, il obéit…

— Tu le rejoins en Andorre, toi ?

— Chut ! Tais-toi… Ils étaient à quatre…

— Il veut que je ferme les yeux… »

Les murmures creusent des trous dans les phrases. Des mots chuchotés s'en échappent. Comme je ne comprends pas vraiment, je me concentre sur les intonations. J'observe comment, chez ma voisine aussi, leurs sonorités douces et feutrées créent un écho intérieur. Sa tête se balance un peu. Sans s'en rendre compte, elle marque le rythme de sa transe avec le cliquetis de son stylo quatre couleurs…

Puis un éternuement, des pieds qui tapent, le froissement d'un journal et là-bas, un peu plus loin, un enfant qui dit tout haut ce que d'autres pensaient tout bas. Cela crée des sourires autour. Je ne devinerai pas ce que taisaient les voix.

Alentour, le temps passe sans moi. Le ciel est un peu différent à présent. Le soleil fait briller les avions qui s'engouffrent dans les failles entre les nuages. Je dédaigne l'horloge inutile et reste, plutôt, captivé par l'enseigne qui clignote au-dessus d'une absence de porte : « Entrée/*Entrance* ». Un grand couloir où il n'y a rien à voir attend comme moi l'instant du départ.

Des visages inconnus se rapprochent, défilent et pépient un instant, ainsi que des oiseaux de passage. Tous vont où ils vont. Certains sont égarés, cela s'observe au ralentissement de leurs pas. D'autres marchent, déterminés, vers un but fixé d'avance. De temps en temps, des détails dépassent de mon indifférence. La bouche vermeille d'une femme, la vieillesse d'un homme seul, un parfum resté en suspens. Il y a des sourires qui s'agrandissent, des mains enlacées, des robes neuves comme des promesses. Je reconstruis les récits de ces saynètes hors-sol. L'imaginaire ouvre une brèche dans la patience linéaire où je me suis installé. Les regards s'unissent un instant, aléatoirement. Des valises se promènent. Les gens se traversent vite.

J'enfonce plus profondément mes poings dans les poches et me cale à nouveau sur le plus proche silence entre les bruits. J'éprouve un certain plaisir à me maintenir à l'écart du flux, à ne pas faire partie, pendant quelque temps, du public sous contrôle qu'on balade à droite ou à gauche à la faveur des affichages. La signalétique dirige l'évolution des foules, mais, quand le retard survient dans ce temple de l'exigence horaire, on se rend compte que la béatitude de la nonchalance est finalement toujours à portée de main.

Derrière la vitre, la pluie a séché. Le signal lumineux scande sans discontinuer. « Entrée/*Entrance* ». Le couloir s'est vidé.

Quelqu'un se lève, marche et se rassoit. Je résiste à l'idée de quitter la petite enclave de places assises où se serrent les naufragés du transit. Et quoi ? Passer de la banquette au kiosque est l'unique horizon. Il y a tout pour se distraire : sucreries, hamburgers, parfums, cigarettes, LCI, et autres plaisirs standardisés… Mais je demeure inerte, jaloux de ma liberté d'échapper à cet autre parcours obligé.

À l'aéroport, si on n'obéit plus aux messages commerciaux ou directifs, on a l'impression de flotter dans un non-lieu trop vaste. Les espaces discontinus se ressemblent tous, les distances y sont démesurées. Alors je ne bouge pas. Je maintiens l'équilibre entre l'instant d'avant et celui qui ne vient pas. Une partie de moi croit très certainement que les heures qui filent seront moins perdues de ne pas avoir servi. C'est pourquoi je m'abstiens de m'occuper comme de me préoccuper. Les prévisions sont par trop provisoires. Je fixe plutôt l'espace vide entre les gens. Tuer le temps sans aucun remords donne un avant-goût d'éternité.

Le bruit d'un bonbon qu'on croque précède le moment où une voix surgit plus fort d'un haut-parleur invisible. Les candidats à l'envol se lèvent. L'instant bascule. Déjà ?

« Entrée/*Entrance* »… Les mots clignotent au rythme des pas qui franchissent le seuil. Avec des gestes lents, moi aussi j'obéis. Je connais la chorégraphie.

Décollage immédiat.

Lâcher

Qui s'oriente vers un objectif, même aussi banal que celui d'aller se coucher, met deux forces en œuvre. La première, positive, est celle qui va vers son but (ce qu'il veut atteindre), la seconde est celle qui l'éloigne de sa situation présente (ce qu'il quitte). C'est parfois ce deuxième mouvement qui freine. Pourtant, il y a toujours une part d'énergie à lâcher pour se propulser.

Le crépuscule représente ce moment crucial où on laisse l'ancien derrière soi. L'enjeu n'est pas toujours évident, notamment quand la journée a, pour une raison ou une autre, un goût d'inachevé. Comment se disposer au sommeil si quelque chose au fond de nous refuse que le cycle se termine ? Sans culpabiliser, ni même forcément comprendre ce qui nous retient, nous pouvons focaliser nos efforts sur une intention simple : libérer de l'espace, faire une place au sommeil.

Plusieurs images illustrent cette idée : le tri dans le grenier symbolise une façon de se débarrasser de ce qui nous encombre, brûler les feuilles mortes du jardin a une signification similaire. Plus loin, un des personnages largue les amarres vers une autre vie quand un autre abandonne son programme bien ficelé et décide de faire une pause improvisée. Chaque fois, ce moment de vide consenti ouvre sur un nouveau potentiel.

Imaginez votre esprit comme une coupe qui se remplirait d'eau le jour et que la nuit viendrait remplir d'air. L'eau symbolise vos émotions, les sentiments qui colorent et alourdissent votre mental. L'air est l'élément qui figure une conscience à la fois plus légère et plus élevée, celle qui vous souffle les bonnes idées, les intuitions, les solutions. Pour passer d'un état à l'autre, la coupe n'a qu'à se déverser.

Vider la coupe ne nécessite pas toujours un travail de fond. Cultiver les petits instants de détente et de laisser-faire peut suffire. Nous pouvons prendre plaisir, par exemple, à regarder comment, au moment de l'endormissement, nos pensées se forment puis éclatent une à une spontanément, comme de simples bulles de savon.

Lâcher, ce n'est ni perdre ni abandonner. C'est laisser quelque chose de plus grand que nous prendre les choses en main. Qu'il s'agisse de lâcher-prise, de lâcher du lest ou de se « lâcher la grappe », c'est toujours pour laisser vide au fond de soi un espace de renouveau disponible.

Ultreïa !

*
* *

« Je m'en vais ! » Cette simple phrase, une fois prononcée à voix haute, sonne comme une évidence. La question de savoir « où aller », par contre, ne se pose pas. Lucile habite rue Saint-Jacques à Moissac. Elle a vu tant de pèlerins traverser sa ville pour faire étape sur le chemin de Compostelle. Tous ont laissé derrière eux comme d'invisibles cailloux blancs, une piste à suivre pour le jour où elle ressentirait l'appel… À présent, elle n'a plus qu'à leur emboîter le pas.

Partir à pied depuis chez soi présente quelques avantages. Cela supprime déjà la corvée des bagages. Puisqu'il faut tout porter soi-même, mieux vaut voyager léger : des cartes IGN, deux T-shirts, un pull, une gourde, et de bonnes chaussures. Lucile a appris dans les livres – ceux de Jack Kerouac, Nicolas Bouvier ou Alexandra David-Néel – que le dépouillement est le premier passeport pour l'aventure.

Pour franchir le seuil, il suffit d'un pas. Lucile s'éloigne un matin sur un ancien chemin de halage. Elle avance en funambule entre le canal et le fleuve que relient de temps à autre des vols de hérons blancs. La jeune femme s'immerge dans le silence. Tout a changé déjà. Sur les sentiers étroits qui serpentent entre les grasses terres de Gascogne, l'impression d'être loin s'installe pour de bon.

« Santiago de Compostella… » Le but de son voyage rythme ses pensées et résonne entre les chocs de son bâton de marche. *Campo stellae*, le « champ de l'étoile », est la destination qui a obsédé dix siècles de marcheurs avant elle. Chaque halte, chaque église lui apparaissent comme des jalons posés pour eux à travers le temps. Lucile sait bien qu'elle trace moins son chemin qu'elle ne l'emprunte.

À l'approche de Lectoure, elle coupe entre les vastes plantations de pastel que cultivent les teinturiers. Les feuilles de cette plante aux fleurs jaune pâle libèrent un pigment indigo une fois oxydées. Les couleurs comme les hommes se transforment à l'air libre. Lucile veut s'offrir à la manufacture du village plusieurs craies grasses de ces teintes magnifiques. Bleu Naissant, Bleu Alazado, Bleu Turquin, Bleu de Reine, Bleu de Roi, Fleur de Guesde et Bleu d'Enfer… Elle repart avec, dans la poche, toutes les nuances du ciel.

Dormir, respirer, marcher. L'itinérance simplifie tout. Les choses ordinaires suffisent tout à coup. Il faut réapprendre le rythme de la nature et celui de son corps. Les changements de lumière et les besoins de repos se font souvent écho. Quand vient le soir et que les ombres s'allongent, la fatigue succède à la joie. Elles se confondent aussi parfois. Chaque fin de journée est désormais un rituel. D'abord trouver les clés du refuge, et puis, après quelques politesses, arrive l'instant de grâce : celui où elle délace enfin ses chaussures. Le repos s'impose. Que faire d'autre que s'étendre quand le message du corps est si clair ?

Lucile part au petit matin avec le soleil. Une prairie mouillée la réveille. Les sapins dessinent de hautes franges sur la courbe des collines. Après quelques kilomètres, elles se changent en montagnes. Voici les Pyrénées, Roncevaux, la frontière, et devant elle, après la ligne de crête, la terre d'Espagne tout entière… *Ultreïa ! Suseïa !* « Plus loin ! Plus haut ! » criaient les pèlerins pour s'encourager sur le chemin. Santiago paraît si loin… Mais Lucile se répète : « Qui avance, même lentement, est en train d'arriver. »

Au passage du col, la jeune femme aperçoit l'aigle des Pyrénées. Quel spectacle peut-il voir depuis si haut ? Bouquets de moutons sur les pentes, velours vert des pâturages, pointes de clochers blancs et toits de tuiles rouge sang. Un paysage de peintre dont elle est un point mouvant. Mue par le vent, elle plane plus qu'elle ne descend. Elle garde le cap au sud jusqu'au creux de la vallée où se succèdent les champs infranchissables de Navarre, une mosaïque de cultures, de prés, de bois et de fougeraies. Dans leurs interstices, son chemin se fraye.

Il lui est plus difficile de traverser Pampelune, qui l'arrache un temps à sa solitude. La cité l'étourdit. Le bruit, le baroque, la foule, tout y semble en démesure. Mais, une fois passé le pont médiéval de Puente la Reina, le calme se rétablit. Ici, les quatre routes qui mènent à Saint-Jacques se rejoignent et le *Camino Francés* débute. Le paysage change, la direction aussi. L'ouest s'ouvre droit devant avec des pistes plates et pierreuses qui encadrent champs de céréales et vignes de la Rioja. Tout au long du jour, il n'y a plus qu'à avancer vers le couchant.

Cette détermination tranquille qui l'encourage à faire le prochain pas est désormais automatique, instinctive. Plus d'agitation, plus d'hésitation. La transhumance calme ses impatiences d'adolescente. Il est si bon de s'autoriser la lenteur à l'âge où le monde entier vous presse de rendre des comptes… Oublier le temps, devenir l'espace. À présent, pour Lucile, seul un point de fuite est indispensable.

La route de Castille est pourtant plus ardue. La voyageuse reprend son souffle dans la pénombre fraîche de l'église d'un minuscule village. Au fond de l'abside romane de San Juan de Ortega, elle s'arrête devant un chapiteau sculpté : un ange prend sous son aile saint Joseph assoupi. Devant la scène, un bâillement la trahit. Elle aussi aimerait tant dormir… Sur la route, chaque lit est une escale et le sommeil un rendez-vous.

La traversée du désert de la Meseta l'attend après Burgos : une vaste mer de chaumes qui ondulent au soleil, deux cents kilomètres à parcourir dans un paysage horizontal que rien ne structure ni ne fragmente. Jaune le sentier, jaunes les blés, jaune le vent. Lucile progresse parfois en silence, parfois en fredonnant. Son regard penché sur les cailloux à venir se relève devant l'horizon ouvert au détour d'un virage. Elle attend moins le village que sa fontaine.

Sur le haut plateau monotone, l'attention de la marcheuse se perd. Elle ne pense plus ni à Compostelle ni à la prochaine étape. Le bruit de son bâton de marche ne résonne plus qu'avec les battements de son cœur. Le paysage se modifie si lentement. Peu à peu, l'ennui libère ce qui était encore trop serré au-dedans.

Le but se dissout. Le but est déjà là. Lucile comprend qu'elle est arrivée depuis l'instant même où elle s'est mise en marche. Pour celui qui avance, il y a toujours le chemin devant, toujours le chemin derrière, et toujours le mouvement. Qu'importe l'étape où il est, il demeure quelque part entre les deux, suspendu au milieu, comme au centre immobile d'une roue qui tourne et s'équilibre. Demain n'existe pas, hier n'est plus… Il n'y a rien d'autre à vouloir que le prochain pas.

Le terrain se plisse et les bois reverdissent à l'approche des terres celtes et montagneuses de Galice. Le matin, la brume dilue les villages et reliefs à venir. Lucile traverse avec entrain les hameaux, les cours de ferme et les cours d'eau. Le *camino* séculaire veut finir en beauté, il devient solennel. Bordé de majestueux châtaigniers, il est désormais pavé de grosses pierres polies par les passages répétés.

Bientôt le parfum inattendu des forêts d'eucalyptus lui rend le souffle plus léger. Lucile écoute bruisser ces géants qui tamisent la clarté du ciel. Auprès d'eux, elle est comme soulagée. Elle se sent si calme, le paysage l'a bercée.

Ce voyage était moins une fuite que des retrouvailles. Elle n'a rejoint qu'elle-même au bout du parcours. Bientôt, l'aventure s'achève. En forçant l'allure, Lucile aurait pu rejoindre Santiago dès ce soir. Mais elle tient à respecter la tradition qui fait des berges de la rivière Lavacolla la dernière étape…

J'arriverai demain. Cette nuit, encore, je suis sur le chemin.

Mettre en mouvement

Chaque nouvelle symbolise un chemin vers le sommeil. Cette destination peut être représentée par un ailleurs, un autre monde, une autre saison. Par exemple, dans « Ultreïa ! », le départ vers Compostelle est une métaphore isomorphique du processus d'endormissement. On quitte seul son quotidien, on progresse vers le but par étapes (contemplation, fatigue physique, ennui, retour à soi) et finalement le but se dissout : on s'endort à notre insu.

Pour structurer cette symbolique du déplacement (aller vers le sommeil comme d'un point A à un point B), les scénarios se fondent sur des paires d'opposés. Par exemple, sur l'île de Houat, Dora est soumise à une sorte de disjonction temporelle par l'évocation de ses souvenirs d'enfance. Ceux-ci sont présentés tel un autre monde avec lequel elle fusionne à la fin du texte. Comme dans le mécanisme hypnotique de la dissociation, on joue à fragmenter la conscience : on sépare deux points de vue et on crée un mouvement entre eux pour induire un changement.

Les oppositions symbolisent donc ces deux états de conscience – celui de la veille et celui du sommeil. On peut trouver des dissociations corps/esprit ou des dissociations spatiales (le chemin/le but). L'histoire, tel un jeu de piste allant de l'un vers l'autre, permet de ne pas se sentir perdu dans les limbes des nuits sans sommeil. On se situe, on donne un sens, une direction.

Se représenter un parcours psychologique comme un véritable parcours géographique évoque aussi une pratique ancestrale : celle des voyages chamaniques. Dans ces rituels, la personne en transe vit une véritable épopée dans les mondes spirituels. Ils sont, traditionnellement, au nombre de trois : le monde d'en bas, le monde d'en haut et le monde du milieu. Monter, descendre ou s'éloigner deviennent alors des fonctions symboliques qui représentent des processus de transformations intérieures.

Les dimensions de l'espace correspondent en effet aux dimensions de la conscience. C'est pourquoi les héros de ces contes hypnotiques vous invitent à aller plus haut (« Souffle sur le sable »), plus profond (« Profondément ailleurs »), plus au-dedans (« Avec l'ours »), ou toujours plus loin (« Comme la rivière »).

Car le sommeil n'immobilise qu'une partie de nous. Il en libère une autre. Lorsque nous nous préparons à dormir, nous abandonnons notre corps aux forces de la pesanteur et nous commençons à rêver. Nos paupières sont lourdes, mais notre esprit gagne en légèreté. Tout n'est pas immobile dans les bras de Morphée.

Écoute le cercle

*
* *

En plus, il pleut. Jimmy ne se retourne pas en quittant le garage. L'amertume est plantée dans sa gorge comme une arête. Il ne va pas faire l'honneur d'un dernier regard à celui qui vient de le mettre à la porte. OK, le vieux Forrest l'avait averti que sa place n'était pas garantie, mais, depuis trois semaines, Jimmy a vraiment fait du bon boulot. Il a même réussi à changer seul le cardan du bus, et en moins d'une journée… Tout ça pour ça. Un billet pour la case départ. C'est trop dur à avaler.

La tête et les mains enfoncées dans son sweat, il ne sent même pas la pluie. Il la voit pourtant rayer le halo qui encercle le lampadaire, celui de l'arrêt du bus qui le ramènera demain vers la réserve de Pine Ridge, dans les jupes de sa mère. Jimmy, front baissé vers l'asphalte ruisselant, shoote dans une canette vide. Même plus un dollar pour se payer une Bud.

Y a pas d'ailleurs pour s'échapper d'ici. Quand t'es *native* à Pine Ridge, South Dakota, y a rien à espérer, l'avenir est derrière. Quatre-vingts pour cent d'Indiens sont au chômage, alors c'est pour tout le monde pareil. Rien d'autre à faire qu'à attendre demain, et puis demain, et puis demain encore. Plus le courage pour tant de matins à venir.

La lumière baisse, la pluie aussi. Entre chien et loup, Jimmy erre dans la ville détrempée. Au centre de sa poitrine, une émotion dure et froide. On dirait qu'une pointe d'obsidienne s'enfonce dans son sternum. Il y sent l'envie et l'ennui qui pulsent et le lacèrent.

Il longe quelques maisons en briques sales, repasse devant le parking où les cars scolaires sont alignés comme une procession de grosses chenilles jaunes. *Bye* les gars, ce sera sans moi maintenant. La route continue devant le campus de la Red Cloud Indian School. C'est pas souvent que c'est allumé à cette heure-ci. Un trait de lumière par la porte entrebâillée l'invite à entrer. Pourquoi pas ? Ce sentiment d'avoir tout perdu lui a aussi volé sa timidité.

Le grincement de la porte passe inaperçu dans le bruit des rires. Au premier regard croisé, Jimmy est presque étonné de découvrir qu'il n'est pas invisible. Il ôte la capuche qui couvre sa tête dans un geste embarrassé.

« Salut, tu viens pour le cercle ?

— …

— C'est la première fois que je te vois.

— Ouais, la porte était ouverte, j'savais pas…

— Pas de souci, tu peux rester si tu veux, ça va commencer. »

La grosse dame aux yeux de charbon lui offre une chaise et un sourire. Il prend la première, ne lui rend pas le second. Avec les autres, ils s'assemblent en rond.

L'odeur âcre de la sauge qu'on brûle précède en silence quatre hommes portant un large tambour. Jimmy reconnaît cette odeur même s'il n'a jamais été vraiment intéressé par les cérémonies organisées dans la réserve, les *pow-wow*, les racines lakotas, la fierté autochtone, tout ça… L'héritage, c'est déjà assez lourd à porter sur sa face de peau rouillée. Mais ce soir, rien n'a vraiment d'importance. Être là ou ailleurs… Où qu'il soit, Jimmy se sent absent de toute façon.

Les premières percussions, tel un harpon, le raccrochent à ce qui se passe. Il y a trois cercles. Le premier cercle écoute, le deuxième tape sur le troisième qui est le tambour lui-même. Les quatre hommes chantent, crient et frappent le sol. Plus rien n'est tranquille. C'est beaucoup mieux comme ça. Les chants invoquent les cieux. Les peaux palpitent. Et le silence résonne fort.

L'envie de tout entendre fait tomber le rideau des paupières. Jimmy avait oublié que son cœur battait. Plus le rythme s'accélère et plus il descend profondément près de lui. Parfois on se sent seul juste parce qu'on est parti loin de soi-même… Il plonge dans l'obscurité sonore et longe la rive de l'océan noir de son esprit. Ces ténèbres semblent n'avoir aucune fin. Mais le réel change au fur et à mesure du rythme. La pulsation des tambours s'écoule et remplit peu à peu le vide au-dedans. Les sons ont désormais des couleurs dans sa tête. Il ressent chacune des fréquences comme autant de mouvements.

La résonance s'amplifie encore… Il se laisse aller. Comment faire autrement ?

Il entend dans ses tempes l'éternité qui tape. C'est le pouls de la terre qui le relie au cercle. La salle alentour existe bien moins que ce qui danse en lui. Chaque battement efface le temps. Et le son des tambours – parfois creux, parfois plein – s'éloigne également. C'est autre chose qui s'approche à présent. Cela vient cligner près de son front, pareil à une étoile, un faisceau d'éclairs bleus. Plus il la regarde, plus sa lumière grandit. Elle devient un tunnel que Jimmy franchit en esprit.

Il n'hallucine pas, il voit… Mais il ne parvient plus à différencier vraiment l'irréel de l'important.

Il distingue une longue forme blanche plantée à ses pieds. C'est une lance en os qu'il saisit et arrache d'un coup sec. Tout son corps se met alors à vibrer et une source jaillit du trou de terre où elle était enfoncée. La source coule comme une eau qu'on boit. Une partie de lui déglutit et une autre contemple le langage secret des images qui se transforment. La lance se change en canoë et la source en torrent. Il monte dedans, il glisse dessus. Dans un bruit de sabots, il file vers un soleil rouge, en partie masqué par le triangle noir d'une montagne escarpée. À son pied, il veut la gravir, mais à chaque pas la montagne s'enfonce… Et encore et encore, jusqu'à ce qu'il ne subsiste que l'extrémité de son sommet, une simple petite pointe affleurant le sol, sombre comme une obsidienne, tranchante comme une flèche.

Chaque coup frappé sur le tambour est une syllabe. Une voix inconnue parle dans sa poitrine. *Tunka, Inyan* / Les pierres médecine poussent au sommet des montagnes / Fabrique une flèche / Cette flèche, c'est toi-même / Et elle doit être droite.

Jimmy saisit la pointe et serre le poing. Sur la terre, son sang rouge comme le soleil tombe goutte à goutte, en écho au rythme apaisé du chant.

He yana yo wana hene yo / Maintenant / Laisse être maintenant / Juste en cet instant.

Nuance légère de l'expérience sonore, il entend à nouveau sa voisine respirer. Il sait qu'il pourrait ouvrir les yeux mais préfère s'abandonner encore. Le corps est l'instrument de guérison. Bientôt il sent toute son énergie circuler, libre de barrière, comme le flot continu d'un élixir de lumière…

Le tambour te donnera un rêve / Le rêve te donnera un chant / Et tu auras toute une vie pour apprendre à le danser. *He hecetu* / J'ai parlé… À présent, écoute seulement le silence qui entre et qui sort.

Rêver

« Derrière les insomnies, nous trouvons souvent un amas de nœuds qui se sont accumulés tout au long de la vie et qui ont tendance à émerger dans les rêves pour se défaire. Mais comme ils restent noués, ils suscitent de l'angoisse et l'incapacité à dormir est un moyen de se protéger contre cette angoisse », explique la psychologue et hypnothérapeute Teresa Roblès.

Réhabiliter le rêve dans sa fonction positive apaise la venue du sommeil. Rêver est, entre autres choses, une thérapie nocturne sur mesure qui libère nos émotions et nous permet chaque nuit de reconstruire notre réalité intérieure de manière spontanée. On s'imagine à tort qu'il faut, pour bien dormir, se coucher sans l'ombre d'un souci. À l'inverse, venez comme vous êtes ! Ce n'est pas le soir qu'on résout ses problèmes, mais pendant la nuit, en rêvant. Nos songes recombinent nos apprentissages, nos souvenirs, explorent des solutions possibles, et proposent des perspectives futures. Ils sont un « brouillon du lendemain », résume le psychologue Tobie Nathan.

Ces histoires proposent plusieurs pistes pour apprivoiser l'invisible derrière l'obscur. Elles établissent une coopération avec celui qui rêve au fond de vous. « Faire voile » nous plonge dans le souvenir d'expériences oniriques en évoquant la sensorialité particulière des songes. Les frontières entre rêve et réalité y sont décrites comme poreuses, un peu à la manière de ces expériences de rêves lucides que nous faisons parfois. La quête de vision salvatrice est aussi le sujet d'« Écoute le cercle » : la description d'une transe vécue de l'intérieur donne – par analogie – des repères pour que les mêmes fonctions s'activent chez le lecteur. Le récit « Avec l'ours », lui, suggère un basculement cognitif progressif, qui va de l'analyse vers la rêverie, du cerveau gauche vers le cerveau droit.

Le monde onirique est un véritable terrain d'apprentissage, de connaissance de soi et d'évolution. À travers lui, nous sommes pour nous-même le plus précieux et avisé des guides. Et, de la même façon qu'une histoire hypnotique n'a pas vocation à être analysée, il n'est pas absolument nécessaire de se souvenir ou de comprendre ses rêves pour que ceux-ci nous aident au quotidien. Ils exercent notre créativité et encodent des solutions possibles dans les circuits de nos neurones.

Si vous ne parvenez pas à dormir, gardez à l'esprit que le plus important reste de rêver. Cela peut commencer un peu avant le sommeil, en lisant une histoire, et en la laissant vous transporter.

Les antennes d'ALMA

⁂

« Où, sur Terre, est l'endroit le plus proche du ciel ? »

Assis dans une poussière ocre, à cinq mille mètres d'altitude, Santi se dit qu'il peut désormais cesser de chercher. Le désert d'Atacama s'étend alentour : un paysage minéral et nu, plat comme un drap. Ce plateau est l'une des plus hautes terres des Andes chiliennes. Deux volcans sont ses sentinelles : Licancabur est éteint ; Lascar, seulement endormi. Leurs silhouettes de géants se découpent sur l'azur vaste, ouvert et limpide. Ici, on tombe des nues en levant la tête.

Car c'est l'immensité du ciel qui attire si haut les hommes, les photographes, les astronomes, les aventuriers et les rêveurs. Santi est tout cela à la fois, et il remercie aujourd'hui sa bonne étoile car il a la chance de pouvoir se joindre, pour un photoreportage, à l'équipe de scientifiques en charge de l'observatoire ALMA.

ALMA… Cet acronyme poétique cache le projet astronomique le plus ambitieux du monde. Si ce mot désigne l'« âme » en espagnol, il est aussi le nom de l'essaim d'antennes blanches qui sont disséminées sur la plaine. Ces soixante-six paraboles – régiment de cyclopes en métal blanc – forment ensemble le plus puissant radiotélescope jamais construit : l'Atacama Large Millimeter/Submillimeter Array. Ces engins enregistrent les ondes émises depuis les confins de l'univers et produisent des images d'une intensité et d'une précision inédites.

Il faut comprendre que, dans l'espace, les objets irradient de l'énergie sous différentes longueurs d'onde, selon leur température. Pour capter ces fréquences intersidérales – notamment les plus lointaines, les plus faibles ou les plus froides –, l'austère région d'Atacama est providentielle. Son désert est le plus aride du monde et garde les radiotélescopes à l'abri de la vapeur d'eau qui absorbe et déforme les ondes millimétriques. ALMA est donc en mesure d'écouter l'écho du cosmos dans le plus large des spectres, au-delà même des infrarouges. Ses antennes enregistrent et dévoilent l'intérieur des cocons de gaz et de poussières là où se forment les étoiles, mais aussi les amas de galaxies qui naissent au cœur de halos de matière noire.

Santi repère les lieux pour mieux photographier le site à la faveur de la nuit. Le vent siffle et souffle sans discontinuer. Il avance prudemment dans le sable et le froid, étourdi par la beauté du réel comme par le manque d'oxygène. À son insu, il sourit. Pour lui, la solitude dans l'immensité crée, paradoxalement, un sentiment d'intimité : l'impression certaine et rassurante d'être chez soi sur cette terre. Il n'a pour seule patrie que l'endroit où se posent ses pieds.

Soudain, à l'horizon, un nuage de poussière fait un bruit de moteur. L'équipe technique rejoint Santi comme prévu. Le crépuscule est l'heure d'effectuer quelques réglages.

Un vieux Chrysler approche. Ava, l'ingénieure bolivienne, est venue seule ce soir. Elle stoppe au pied d'une antenne, salue Santi et prépare ses instruments. Elle veut bien lui expliquer comment elle procède.

« Tu sais, les antennes d'ALMA semblent regarder les étoiles, mais en vérité elles les écoutent surtout. » Santi aussi est tout ouïe. « Chaque plat, chaque pétale de cette large parabole recueille le rayonnement cosmique ainsi que le ferait le miroir d'un télescope optique. Ce sont eux, les yeux de l'observatoire… avec des pupilles de douze mètres de diamètre tout de même ! Cet hémisphère va tout d'abord focaliser les photons reçus et les transmettre dans un détecteur situé au centre du foyer récepteur. Celui-ci est l'équivalent de notre rétine. Il mesure leur fréquence et transforme les signaux électromagnétiques en signaux électriques qui parcourent ensuite des kilomètres de fibre optique pour être acheminés vers le Corrélateur, l'ordinateur monumental prévu pour relier tous les signaux ensemble sous forme numérique. Avec ses 134 millions de processeurs, il joue le rôle du cerveau. Il multiplie ces signaux pour en extraire le vrai signal et en exclure les bruits parasites. Pour que tout cela fonctionne, chaque plaque de fibres de carbone qui constitue la surface de la parabole doit être ajustée au micron près, car c'est sur elles que viennent se fixer les supports de réglage des antennes. Et celles-ci doivent pouvoir être pointées avec une précision angulaire de l'ordre de 0,6 seconde d'arc. » Encore faut-il savoir qu'une seconde d'arc correspond à 1/3 600 degré… « Imagine-toi, cela correspond à l'angle sous lequel on voit une pièce de deux euros à une distance de six kilomètres ! »

Ava poursuit le protocole. Elle réduit doucement la pression pour ajuster la position des bras hydrauliques. D'abord à gauche, puis à droite. Quelques paramétrages permettent de libérer la colonne porteuse au centre de la carcasse de métal puis de reposer le haut du corps principal de l'antenne. Cinq, quatre, trois, deux, un… Voilà. La tête de la machine s'incline doucement et la corolle se place dans l'angle exact face au ciel.

L'obscurité s'intensifie, et avec elle l'extraordinaire clarté des cailloux célestes. Lorsque la nuit tombe, la phosphorescence des astres apparaît peu à peu. Elle a pourtant toujours été là. Nous avions juste oublié, dans la journée, que l'immensité vide ne l'était pas tant que cela. L'invisible se révèle dans le noir. C'est toujours ainsi. L'essentiel est d'abord caché. Il faut aussi du silence pour entendre quelqu'un respirer.

Santi frissonne et se laisse gagner par l'émotion de ce premier face-à-face avec la voûte nocturne d'Atacama. Quel bonheur de se trouver ici, si loin de la perpétuelle pollution lumineuse des ciels modernes. Leurs lueurs artificielles retiennent nos villes dans un jour sans fin… Ne devraient-elles pas avoir droit, elles aussi, au repos ? Ici, à Chajnantor, rien ne vient perturber le rendez-vous quotidien entre l'ombre et les astres.

Après plusieurs prises de vue, Ava et Santi déposent leur matériel pour mieux s'abandonner au spectacle. Est-ce qu'on peut rêver sans dormir ? Les nuits en hémisphère Sud offrent un point de vue unique sur la Voie lactée. Son opalescent et tumultueux sillage, c'est la spirale de notre galaxie que nous observons de l'intérieur. De ce côté-ci de l'équateur, elle expose son centre éblouissant avec une telle intensité qu'il paraît tout proche. Ava connaît par leurs noms tous les recoins du feu d'artifice cosmique. L'étoile Bêta de l'Hydre étincelle juste à côté du Petit Nuage de Magellan. Elle forme un triangle avec l'amas globulaire du Toucan, qui compte à lui seul plus de cinquante mille étoiles. En suivant les étoiles Gamma 1, 2 et 3, on décèle la constellation de l'Octant, où brille une géante rouge. Des nébuleuses se devinent dans les myriades de poussières interstellaires. Le ciel austral est magique. Il semble que même les volcans dressés à l'horizon contemplent la nuit piquetée d'or sans ombre ni nuage…

Mais l'altitude donne peu à peu les jambes cotonneuses et la tête lourde. Après quelques instants de silence, Ava murmure : « Santi, il est l'heure désormais de partir. Viens, demain est une autre nuit… »

S'élever

Le sommeil profond nous fait prendre de la hauteur. Au travers des rêves, une partie de nous inconsciente et enfouie émerge et nous accédons à travers elle à des informations habituellement inaccessibles. De ce point de vue, le sommeil tient plus de l'expansion que de la perte de conscience.

Pour la psycho-énergétique (qui considère, comme de nombreuses médecines traditionnelles, que nous sommes constitués de plusieurs corps vibratoires imbriqués telles des poupées gigognes), le sommeil est même une véritable libération : un envol. Nos corps subtils – mental, émotionnel, spirituel – sont engagés dans le corps physique durant la journée. Pendant le sommeil, le corps physique se soustrait à l'influence de ces corps subtils qui, eux, se libèrent également. Car ils ont besoin, pour se régénérer, de retourner dans des strates non matérielles, aux vibrations plus hautes, pendant la nuit.

C'est d'ailleurs pour cela qu'il est essentiel de se focaliser sur des thématiques positives, lumineuses au moment de s'endormir. Celles-ci nous allègent, nous portent et nous donnent l'élan vers un sommeil paisible, alors que les thématiques pesantes, qui plombent l'esprit, brouillent le passage d'une dimension à une autre.

Les nouvelles de ce recueil connectent des notions de beauté, d'émerveillement, voire de sacré. En parlant un langage symbolique et poétique – celui de l'art et de l'inconscient –, elles donnent envie au rêveur en nous de tendre l'oreille. La poésie libère de la réalité.

Le Dr Ernest Rossi, qui a construit une approche neuroscientifique de la psychothérapie, a montré comment l'esprit de curiosité, de contemplation et l'expérience numineuse (c'est-à-dire proche du divin) sont des moteurs privilégiés pour construire et reconstruire les réseaux neuraux de nos cerveaux. Connecter ces dimensions agrandit nos expériences et donc nos possibilités. Le double sens résonne : le sacré, ça crée.

La description de l'expérience méditative de la marche ou la symbolique des « antennes de l'âme » (« Les antennes d'ALMA »), par exemple, nous placent sur la piste de cette vie intérieure, spirituelle. Les passages contemplatifs invitent à leur tour à accéder à un « sentir large », à sortir de la considération limitée de notre quotidien pour s'élever vers des sentiments de type « océanique » – ceux que l'on ressent face à plus grand que soi. Rechercher une telle expansion de conscience permet de sortir des limites de notre petit moi. Le personnage à l'affût de l'ours ira même jusqu'à changer de perspective pour adopter des points de vue extérieurs à lui-même (« Je suis la forêt »).

L'appel de l'âme alourdit les paupières et nous engage à aller voir derrière. « Certaines choses sont perceptibles dans l'obscurité seulement », disait Aristote. Pour cela, l'état de sommeil est, à bien des égards, en réalité, un état d'éveil.

Une heure source

*
* *

Le serpent d'asphalte s'accroche au flanc des montagnes. Hypnotique, il n'invite à rien d'autre qu'à poursuivre le voyage. Farid, au volant, se laisse griser par le spectacle des vallées de la Grande Kabylie : montagnes violines tapissées de printemps, ciel d'aquarelle, rochers suspendus défiant les abîmes. Il enfonce l'accélérateur. Sur le bord de la route, les arbres fuient de plus en plus vite. Nul obstacle devant. Seule l'obstination joyeuse d'avaler les kilomètres.

La route est encore longue jusqu'au port de Béjaia, où Farid s'apprête à réceptionner une importante cargaison. Cette marchandise est son tout premier stock, la première étape dans la création de sa petite entreprise. Pour Farid, cette journée est décisive. Il se répète – une fois encore – les indications que lui a fournies le transporteur. C'est absurde, parce qu'il les connaît par cœur… Mais il faut croire que psalmodier une liste de formalités douanières calme les cervelles agitées.

Pour couvrir le bruit du moteur, le jeune homme pousse au maximum le volume d'une cassette de raï. La rythmique entêtante, le son saturé des violons électriques et des chants sulfureux retentissent au passage de son vieux pick-up. Ce camion a tout d'un tacot, mais il n'en est pas moins une pièce maîtresse de son *business plan*. Même si elle n'est plus toute jeune, sa mécanique pourra encore lui rendre bien des services, il en est sûr. D'ailleurs, une fois lancée à cent vingt kilomètres-heure sur les routes escarpées du Djurjura, elle semble en pleine forme. Farid, pourtant, n'est pas véritablement dupe de son raisonnement. Il sait bien qu'il ne cherche qu'à dissiper les peurs et les espoirs qui reviennent en boucle frapper sous son crâne : peur de tomber en panne, envie d'arriver à temps, envie d'y arriver tout court… Farid tape frénétiquement en rythme sur son volant, moins pour marquer le tempo avec Cheb Bilal que pour encourager sa voiture à poursuivre l'allure.

Wallah ! Un voyant rouge s'allume soudain au centre du tableau de bord. Farid a beau rester pied au plancher, la vitesse diminue sensiblement. Le moteur surchauffe déjà alors que le soleil n'est pas encore à son zénith. Il va falloir faire une pause. À contrecœur, Farid se décide à rejoindre le petit village qu'il distingue au loin.

Il stoppe le véhicule juste un peu avant les premières maisons de pisé. À la faveur d'un vieux frêne, il se dérobe aux rayons de midi. Il goûte l'instant et l'air tiède de la montagne. Plus aucun bruit ne vient perturber l'espace, seul un léger ruissellement sourd peu à peu du silence. Farid n'avait pas encore remarqué la fontaine cachée en contrebas d'un petit sentier d'argile rouge. C'est une modeste construction de pierres sèches, une source à peine domestiquée, *a priori* semblable à tant d'autres fontaines des villages kabyles. Distraitement, il caresse la margelle au-dessus du bassin et, là, sous la pulpe de ses doigts, il découvre les sillons d'une calligraphie gravée dans la pierre.

ننسى ما تريد
« Oublie ce que tu souhaites… »

D'un souffle, Farid éparpille pétales de laurier-rose et poussières. La fin de la phrase apparaît :

دعها تأتي إليك ...
« … laisse-le venir à toi. »

« Comprends-tu ce que cela signifie ? »

Farid sursaute. Il n'a pas entendu venir le jeune garçon qui, dans son dos, l'interpelle. L'enfant porte des tongs, un jean élimé et un T-shirt sérigraphié d'un logo contrefait. Il a peut-être dix ans, peut-être moins. Sur son visage encadré de boucles brunes, seuls ses yeux sourient.

« Je peux te raconter l'histoire si tu veux », poursuit-il en s'asseyant au bord du bassin. En Kabylie, chaque source, chaque fontaine a sa légende. Chacune est un endroit sacré où confluent les palabres depuis des siècles. Farid se met à l'écoute de l'enfant.

« Il y a bien longtemps, la vallée tout entière connaissait la magie de cette fontaine. On y venait de loin car elle exauçait les souhaits. Il suffisait d'y jeter un simple caillou en formulant un vœu pour que celui-ci devienne réalité dans l'année… Il y avait une condition toutefois, il fallait que la pierre demeure dans le bassin. Au fil du temps, tant de gens eurent tant de choses à souhaiter que la fontaine fut totalement empierrée. L'eau n'y coulait plus que goutte à goutte. Pourtant, personne ne se serait hasardé à ôter ne serait-ce qu'un seul caillou de la vasque. La peur de briser le charme était trop forte. Les villageois prirent alors l'habitude d'aller remplir leurs cruches ailleurs.

« Un beau matin, à l'aube, un berger qui descendait de la montagne fit halte ici, comme tu l'as fait toi-même. Son chien avait soif et lui ignorait la légende. Il était trop tôt pour que quelqu'un du village la lui raconte.

« Le berger entreprit d'enlever une à une les pierres qui obstruaient la source et l'eau rejaillit bientôt, libre et pure comme aux premiers temps. Elle étancha la soif de l'homme et celle de l'animal. Tous deux reprirent la route sans se douter du sacrilège qu'ils venaient de commettre. Le bruit de l'eau résonna bientôt dans toutes les maisons du village, la joie simple de la boire effaça la peur des villageois. D'ailleurs, nombre d'entre eux ne se rappelaient même plus les vœux qu'ils avaient formulés.

« La sagesse du berger apparut clairement aux yeux de tous. On décida de graver cette margelle en souvenir de ce jour, où chacun apprit qu'il vaut bien mieux écouter sa soif plutôt que de poursuivre des chimères. »

En guise de conclusion, l'enfant se penche en silence vers la fontaine, recueille un peu d'eau dans ses paumes jointes et en avale une gorgée. Farid imite son geste en fermant les yeux, pour mieux se recueillir. La gorgée d'eau trace un chemin vers une oasis intérieure, telle une clarté liquide qui rafraîchit les pensées. « Nos lèvres sont des plages et nous sommes la mer », disait Attar, le poète. Farid dépose ensuite quelques gouttes au creux de sa nuque, là où naissent les frissons. Le temps se suspend un instant. Lorsque enfin Farid rouvre les yeux, l'enfant a disparu – sans un bruit, comme il était venu.

La tradition dit que c'est auprès de fontaines que l'on rencontre les djinns…

Le chant du muezzin résonne des hauteurs du village, c'est l'heure de *Dhor*, l'appel à la prière de la mi-journée.

Farid regagne son pick-up au moteur refroidi. Il respire profondément sa bonne odeur d'huile de vidange et de cuir mêlés, tourne la clé de contact et reprend la route. Il accroche son regard à l'horizon, dont la ligne est troublée par les ondes de chaleur. Farid fredonne une nouvelle chanson, une mélodie qu'il ignorait connaître… Où l'a-t-il entendue, déjà ? Était-ce la chanson de l'enfant ? Ou bien celle de la source ?

Harmoniser

C'est la nôtre bien sûr, cette petite voix qui résonne dans notre tête, commente nos pensées et actions, et ressasse parfois tant qu'elle nous empêche de trouver le sommeil. Mais quelle partie de nous exprime-t-elle ?

Notre personnalité est loin d'être monolithique. Elle est composée d'une multitude d'« états du moi » qui se comportent comme les différents membres d'une grande famille : certains s'entendent bien, d'autres se fâchent, d'autres sont là en tant que médiateurs, d'autres encore sont délaissés… Bref, la famille (notre personnalité) est plus ou moins équilibrée. Pour rétablir l'harmonie, propose Carl Gustav Jung, « il faut se cultiver dans l'art de se parler à soi-même ».

Donner la parole aux sous-personnalités qui nous habitent est un pilier essentiel de l'hypnothérapie. Les métaphores de ce livre mettent en scène certains des personnages de notre théâtre intérieur. « Kos & Love », par exemple, est une histoire élaborée comme une « négociation entre parties », un protocole classique en hypnose. L'idée est de confronter la part de nous qui veut dormir (ici, la mère) à celle qui ne veut pas (le bébé) jusqu'à ce que l'une et l'autre se comprennent, se rejoignent et finalement fusionnent – ce qui résout l'antagonisme initial.

Il y a souvent une « sous-personnalité » que nous écoutons et satisfaisons facilement alors qu'une autre demeure négligée. Or, toutes nos facettes oubliées, défavorisées, doivent être comprises et réintégrées à leur juste place. Sinon, elles génèrent les blocages dont on souffre. C'est leur façon de nous signaler qu'il subsiste un déséquilibre intérieur.

Harmoniser nos états internes est un processus de connaissance de soi. Se réconcilier avec chacun d'eux permet non seulement de ne plus appréhender les retrouvailles nocturnes, mais aussi de rencontrer les aspects lumineux de notre identité, car elle détient également une partie sage et bienveillante que nous pouvons considérer comme un guide intérieur. Collaborer avec s'avère d'un grand soutien... de jour comme de nuit.

Rose et Saturnin

*
* *

Les pieds dans l'herbe, vide pour l'instant, il attend le prochain chapitre de l'histoire des gens. Ce banc de fonte et de bois verni est un trait d'union tracé entre tous ceux qui s'offrent une parenthèse dans ce recoin du parc, à l'écart des grandes allées. Ceux qui, acceptant sa proposition immobile, s'arrêtent un instant ne rencontrent presque jamais le promeneur suivant. Qui garde alors le souvenir de cette foule en pointillé ? Les endroits et les choses n'ont peut-être pas d'âme, mais tous ont une histoire. Ils sont les témoins muets de nos chassés-croisés.

Ici, des moments de vie s'accrochent. Les gens sont comme des phrases laissées en suspens. Il y a ceux, nombreux, qui parlent vite et fort en serrant leurs smartphones entre deux doigts ; il y a des parents fatigués avec des enfants sautillants ; il y a de jeunes gens pâles qui lisent et écoutent leur musique en même temps ; il y a des gens pressés qui finissent un sandwich déjà commencé ; il y a des gens avec des chiens et réciproquement ; il y a des gens très rouges qui arrêtent de courir mais pas très longtemps ; il y a des gens qui ont l'air perdus mais qui repartent pourtant. La plupart disparaissent et ne reviennent pas. La ville abreuve le parc de ses habitants. Le flot est continu. Peu remontent le courant. Les individus qui se suivent ne se ressemblent pas, mais, en vérité, ils ne sont pas, non plus, très différents. Par contre, des gens qui parlent tout haut, tout seuls et sans téléphone, il n'y en a pas tant. Il y en a deux, exactement.

La première, c'est une petite blonde en anorak qui vient goûter ici le mercredi. Elle se promène en solitaire bien qu'elle n'en ait pas vraiment l'air : sans cesse elle bavarde, elle fabule, elle rit. Elle n'a pas encore l'âge de savoir que cela ne se fait pas, d'éclabousser tout l'espace, comme ça, de sa petite voix.

Le second est un vieil homme courbé qui arrive toujours un peu après que l'enfant est partie. Comme elle, il parle tout le temps, mais lui ne rit jamais. Il grogne, peste, maugrée. Ses phrases n'ont pas plus de sens que des soupirs. Il aime remplir. Le silence le gêne. Alors il met autour de lui le malaise qu'il ressent au-dedans.

Leurs paroles se font écho sur ce banc où personne ne les écoute. L'un et l'autre, aussi différents que des consonnes et des voyelles, restent toujours identiques à eux-mêmes. De même humeur, aux mêmes heures, en toutes saisons. La petite aime cet endroit où s'éparpillent au sol les feuilles dorées d'un jeune ginkgo. Elle les trouve belles comme des fleurs séchées, des éventails de fées. Elle en ramasse plusieurs chaque fois. Le vieux, lui, ne les remarque même pas. Son regard fixe le grand platane devant, dont l'écorce en lambeaux se morcelle sous la pression de nouvelles poussées de sève.

La vie emmêle parfois les lignes du temps. Cela trace de nouveaux chemins. Il suffit qu'un seul jour, mine de rien, l'une vienne un peu plus tard et l'autre un peu plus tôt pour que les choses se transforment soudain.

Ce mercredi-là, Rose s'assoit à côté de Saturnin. Le vieil homme est tout embarrassé de cette compagnie. Dans sa vie, les autres existent si peu. Pourtant, au début, il fait attention, s'applique à ne rien dire. La petite, elle, s'en fiche bien. Entre deux bouchées de goûter, elle poursuit ses aventures d'une petite voix sucrée. Ses jambes en collant gigotent au rythme de son blabla. Le vieux, lui, se tord les mains et fait craquer ses doigts.

Finalement – peut-être parce qu'il se croit vraiment transparent –, le vieux reprend sa litanie, alors que la petite fille est encore assise à un mètre de lui.

« Ah bah dis donc, v'là autre chose, manquait plus que ça… »

L'enfant s'étonne et tend l'oreille.

« Toi aussi, monsieur, tu parles aux oursons ? »

Dans sa bulle de solitude, l'homme ne l'entend pas.

« Toi aussi, monsieur, tu parles aux oursons ? »

Le vieil homme lève la tête, les sourcils en point d'interrogation.

« Hein ? C'est qui ça, les oursons ?

— Bah, tu sais ceux du dedans, ceux-là que maman ne voit pas… Faut savoir que c'est eux qui s'occupent de tout, tout, tout ! Si on met le pied gauche avant le pied droit, si on n'oublie pas nos leçons, si on a la chair de poule ou si on bâille avant de se coucher… »

Le vieil homme se tait. Ce n'est pas si souvent. Il écoute la petite fille exposer ses élucubrations, avec un grand sérieux qu'il aurait pu trouver charmant.

« Du coup, tu vois, c'est très pratique, parce que quand on les connaît, on peut superviser avec eux l'ensemble des opérations. C'est beaucoup de travail mais c'est important.

— Et toi, tu supervises tout ça ?

— Mais oui ! Enfin, avec l'ourson chef d'équipe, celui qui a son bureau dans ma tête. Si je veux lui parler il sort par là [elle désigne son oreille] et puis il s'installe tranquille sur mon épaule. On a pas mal de dossiers à gérer tous les deux. Et puis, en plus, il y a tous les labos, les usines, celle dans le ventre par exemple…

— Bah ! Ils ne doivent pas être si occupés que ça, tes oursons… Je te le dis, chez moi, avec tout ce qui part en cacahuète, ils auraient de quoi faire, ça c'est sûr. »

Le vieil homme ne sourit pas.

« C'est surtout que vous les laissez tout faire tout seuls, alors évidemment… »

La petite saute sur ses pieds – « Zou ! » – et disparaît rapidement derrière les azalées.

Le mercredi suivant, le vieux revient plus tôt. Il se persuade que c'est un pur hasard et que, de toute façon, mieux vaut y aller maintenant parce que la météo a prévenu qu'après il y aurait du vent. L'enfant est déjà assise sur le banc.

« Alors, comment que ça va tes oursons, petite ? demande-t-il en s'asseyant.

— Je m'appelle Rose, je suis pas petite… Et toi, c'est quoi ton nom, monsieur ? »

Fâché par la leçon de politesse, le vieux répond :

« Je m'appelle Saturnin… Mais bon, y en a plus beaucoup qui m'appellent maintenant…

— Tu sais, aujourd'hui, les oursons et moi, on a un gros problème, ça fait trois nuits que je fais des cauchemars ! Faut vraiment qu'on trouve une solution pour arrêter ça.

— Les cauchemars, chez moi ça risque pas. Faudrait déjà que je dorme… Ça fait des mois que je n'arrive pas à fermer l'œil.

— C'est peut-être un vérin qu'est bloqué ? T'as regardé si toutes les manettes de la commande centrale étaient bien réglées ? Il suffit que les boutons soient restés sur 100 % de frousse ou sur 100 % de hâte et tout le mécanisme est déréglé. Je sais de quoi je parle, ça me fait le coup chaque fois que je pars en vacances chez tata.

— Ah ? Et comment que tu fais pour trouver ce qui ne va pas ?

— Facile, je demande à l'ourson-chef… Y a tellement de tuyaux, d'écrans et de potions chimiques à vérifier… Mais avec les oursons en salopette bleue et ceux en blouse blanche, y en a toujours un qui trouve au bout d'un moment et qui vient me dire ce qu'il faut faire : mettre un coup de marteau ici [elle montre son genou] ou pousser une manette là [elle pointe son cœur].

— T'es un drôle de numéro, toi ! »

Rose se relève et disperse les miettes de son pain au chocolat.

« T'inquiète pas, Saturnin, tu verras, les oursons, ils t'expliqueront… »

Le mercredi d'après, Rose ne revient pas. Les semaines suivantes non plus.

Saturnin, lui, a recommencé à parler… mais pas vraiment tout seul. Si quelqu'un écoutait, sûr qu'il le prendrait au pire pour un fou, au mieux pour un pilote à la retraite.

« Tour de contrôle, abaissez les manettes… »

C'est étonnant, on dirait vraiment qu'il s'adresse à quelqu'un.

Jouer

Quand, la tête sur l'oreiller, nos pensées tournent en boucle, passer du « je » (« je devrais », « je voudrais ») au jeu est une première solution pour prendre du recul et dépêtrer la situation. On oublie parfois cette part enfantine, au cœur de chacun de nous, qui demeure toujours disponible et d'un grand secours.

Nous avons plusieurs modalités de rapport au monde, selon les rôles que l'on endosse ou que la vie nous assigne. Passer facilement de l'un à l'autre multiplie nos capacités et notre résilience face aux difficultés. Savoir activer notre « mode enfant », notamment, nous permet de retrouver l'esprit d'ouverture, l'ingénuité et l'imagination nécessaires pour réorganiser notre réalité.

Dans « Une heure source », par exemple, c'est justement le petit garçon qui est la ressource. Le personnage principal rencontre à travers lui son propre « enfant intérieur ». En s'y confrontant, il saisit une sagesse simple et évidente qui lui échappait alors qu'il demeurait en « mode adulte », enfermé dans sa vision analytique, ses peurs et ses *a priori*.

La nouvelle « Rose et Saturnin », elle, met face à face deux parties de notre psyché : l'enfant et le tyran intérieur.

L'enfant enseigne comment jouer avec nos représentations internes, comment se figurer les problèmes et imaginer leurs solutions. En l'imitant, le « tyran », figure d'un mental exigeant et bougon, s'apaise.

La clé est de jouer à faire « comme si » : comme si les sensations et sentiments étaient gérés par de sympathiques oursons, comme si une simple manette pouvait moduler notre stress ou diminuer la taille de la boule qu'on ressent dans la gorge... Faire « comme si », avec le même sérieux qu'un enfant qui joue, aide à ressentir (et donc à manifester) comment les choses seraient si elles étaient d'ores et déjà différentes.

Jouer nous place dans une position créatrice. Ce n'est pas un hasard si le jeu est une des premières facultés naturelles que l'on développe pour explorer la vie. Quand nous étions petits, faire semblant nous permettait de nous projeter dans l'avenir. Or, même adulte, nous n'avons pas fini de grandir. Le jeu symbolique peut agir comme un levier pour dépasser les défenses rigides qui entravent l'avancée vers une solution, vers un changement, vers un mieux-être... Même en mécanique, pour qu'il y ait du mouvement, il faut du jeu entre les pièces.

Pour stimuler le sommeil, on peut simuler avoir trouvé la solution. Ce qui est tout d'abord faux peu à peu deviendra vrai : c'est là la dimension sacrée de la tricherie, celle qui permet, qui réalise. Vous verrez qu'il est précieux de renouer avec ses pleins pouvoirs d'invention, et vous pouvez faire « comme si » en attendant.

Faire voile

*
* *

Tout est si réel. Le claquement sec et régulier des voiles fouettées par le vent retentit comme des coups de feu. Je ressens la force dans mes jambes quand, à chaque mouvement de vague, l'équilibre se rompt puis se rétablit aussitôt dans un vertige fugace. L'air que j'inspire profondément n'est pas vide mais plein de promesses et de parfums. L'horizon se rapproche, m'encercle. Le paysage, d'abord en filigrane, devient plus net à chaque seconde. Je devine là-bas quelques bateaux étroits semblables à des pirogues, un banc de sable blanc ponctué de l'ombre de grands arbres, la rumeur sourde d'un groupe de personnes aux tenues colorées. La joie d'être enfin arrivé me précipite, en un saut, par-dessus bord. Une sensation fraîche et limpide m'éclabousse. Je frissonne. La surface de l'eau dessine un bracelet glacé au niveau de mes chevilles. J'avance vers la grève en percevant comment, à chaque pas, les galets marquent mes pieds de leurs empreintes. Je baisse alors les yeux et là, j'aperçois, sur mon mollet droit, une longue cicatrice en S que je ne reconnais pas.

L'étonnement brusquement me réveille et me laisse seul, échoué dans mes draps bleus. Je reprends contact avec le réel. Le contour des objets se dessine, et le monde peu à peu s'organise. La lumière de ma chambre, l'heure du réveil, la journée à venir… La sensation particulière d'être en transit entre deux mondes persiste pourtant. Les images du rêve étaient si précises, si vivantes, qu'il me suffit de clore les paupières pour les raviver tout entières. J'aimerais que l'histoire se poursuive : débarquer sur la plage et découvrir l'endroit où je me sentais si profondément heureux d'arriver.

Certains rêves sont plus importants que d'autres. On a tous rapporté des souvenirs, comme des trophées, comme des secrets, des abysses de notre vie nocturne. Vous souvenez-vous de l'un de ces grands rêves que le matin voit partir à regret ? Ceux-là laissent derrière eux un profond sillage qui change notre journée et parfois davantage. Certaines personnes se rappellent s'être envolées haut dans le ciel et s'étonnent leur vie durant de ne jamais pouvoir recommencer. D'autres trouvent enfin l'ami qu'elles cherchaient – imaginaire mais si peu illusoire – et se languissent de recroiser son regard. Et d'autres encore, comme moi, découvrent dans un songe un pays inconnu qui semble être le seul où ils aient jamais vécu.

Ce jour-là, je ne reconnais pas tout de suite les signes du bouleversement intérieur. Aujourd'hui ressemble à hier. Je remarque à peine un léger changement d'humeur, une nostalgie encore jeune, plantée en mon âme telle une graine qui grandit déjà. Bientôt, le cours habituel des choses s'avère tiède et fade, l'ennui s'infiltre partout. On me trouve plus silencieux et on me surprend à scruter le ciel un peu trop longtemps. Ni le silence ni l'azur n'offrent de réponse à ma soudaine mélancolie. Alors je ferme les yeux pour revoir un instant cet horizon qui m'attend.

La seule chose qui existe, c'est celle que l'on regarde. Cette image obsédante du rêve inachevé résonne tel un appel, un appel à agir, à trouver un moyen de retrouver la joie que j'éprouvais et qui m'a laissé avide. J'ignore comment m'y prendre. Je suis désœuvré. J'attends une idée comme on attend la pluie, les jours d'orage. Je trompe l'ennui en faisant défiler, sur mon écran de téléphone, des milliers de photographies de plages lointaines. J'espère, sans vraiment me l'avouer, repérer une piste menant à l'endroit précis dont j'ai rêvé.

Ces recherches sont vaines bien sûr, et ne font, finalement, qu'attiser mon impatience à voir quelque chose arriver. Un dimanche, je décide plus simplement d'aller voir la mer. Au plus près de chez moi, c'est déjà loin. Tant pis. Tant mieux. Je m'échappe. Je marche longtemps entre ciel et sable, le regard accroché par le passage des voiliers. Quelque chose de doux et de lumineux prend place peu à peu au centre de ma poitrine. Une sensation nouvelle que je décide de préserver quoi qu'il en coûte.

Je reviens le dimanche suivant. Puis les samedis aussi. Je flâne sur le port, j'observe. Les bateaux serrés, trop bien rangés, plantent leurs mâts au ciel comme pour briguer leur liberté. Les découvrir de plus près me rend curieux.

« Vous cherchez quelqu'un ? » m'apostrophe un marin.

Oui, moi ! n'étant pas une réponse socialement acceptable, je réplique plutôt que je m'intéresse au nautisme.

L'homme a du bagou et aime partager sa passion. Il m'invite sur le pont de son voilier – un *Écume de mer* – et m'apprend les premiers mots de vocabulaire. On se revoit souvent. Je découvre un univers et, au fil des discussions répétées, s'enracine en moi l'idée fixe de partir en mer.

Quand l'envie est nommée, elle devient notre boussole. On ne s'en détourne plus. Bien sûr, il faut quelques semaines pour apprendre et comprendre la propulsion vélique : abattre, barrer, lofer… Je débute par du cabotage, m'enhardis et espère partir seul bien avant d'être en mesure de le faire.

C'est à ce moment précis que plusieurs voix s'élèvent, toutes à l'unisson, pour me décourager. « Acheter un bateau, toi ? Quelle est cette lubie soudaine ? C'est si difficile. Jusqu'où cela va-t-il te mener ? Cela demande trop de temps, trop d'argent. Il faut rester raisonnable… » Je sens un courant contraire, une force invisible, qui vient s'opposer au mouvement en marche qui me semble pourtant, depuis cette nuit et ce rêve-là, impossible à arrêter.

Au début, je prends en compte chaque mise en garde. Je redouble d'efforts. Il s'agit de paraître responsable, le genre de personne qui contrôle ce qui lui arrive. Je m'applique à faire passer mon changement de cap pour une décision plus qu'un coup de tête. Je rassure les uns, les autres de mon mieux et demande force conseils aux gens avisés. De fait, ils sont ravis de donner leur avis.

« Quand tu auras fait telle ou telle chose tu seras prêt, mais pas avant. » Je les écoute tous – les plaisanciers, les mécanos, les collègues et les badauds – avec la même humilité respectueuse. Mais, au fond de moi, ce qui était doux commence à bouillir. Je prends mon mal en patience et choisis de suivre une énième formation tout en me mettant en quête d'un petit voilier d'occasion, un bateau facile à manœuvrer mais qui serait capable de naviguer loin. J'en déniche plusieurs. Certains sont trop vieux, d'autres pas assez rodés. Les opinions des experts sont le plus souvent contradictoires. À qui se vouer ? Mon esprit s'embrume, je ne vois plus devant moi.

Confucius me sort de l'embarras. L'une de ses citations – inscrite sur une affiche vaguement New Age derrière le comptoir du bistrot du port – dissout mes doutes et le goût amer du sentiment d'imposture : « Lorsque tu fais quelque chose, sache que tu auras contre toi ceux qui voulaient faire la même chose, ceux qui voulaient le contraire, et l'immense majorité de ceux qui ne voulaient rien faire. »

La lucidité du constat produit en moi une sorte de déflagration. Voilà. Je sais à qui me vouer à présent : à moi et à moi seul ! Je m'en remets aujourd'hui officiellement à ma petite voix intérieure. Celle-là même qui a pris la parole dans mon sommeil, qui a créé ce rêve pour me sortir de la torpeur, de la lassitude, de la résignation. J'en ai plus qu'assez des « Tu pourras partir quand tu sauras ça et encore ça ». Quand, quand, quand… Tant qu'il y a des « quand », il n'y a jamais de quoi ! Il est temps de lever le camp.

Justement, j'ai rendez-vous pour aller voir un nouveau bateau. Un dériveur léger, un peu moins de quatre mètres, des voiles en parfait état. Je me décide aussitôt. Les choses se déroulent soudain avec une évidente fluidité. Et puis la météo s'annonce clémente pour plusieurs jours. Je n'ai nul besoin d'aide pour préparer l'accastillage et le chargement. Avec excitation, je m'apprête à passer ma première nuit à bord, au port. J'appareille à l'aube. Ce soir-là, je m'endors capitaine, bercé par les clapots et la brise. « Rêve en dormant, d'amont souffle le vent », dit le dicton.

Les lueurs du soleil neuf me réveillent au matin. La nuit a lavé le monde. Tout me paraît simple et beau. Au moment de larguer les amarres, je répète les gestes appris. Je déroule d'abord les tours de corde autour du taquet, mais, dans un mouvement brusque, la corde m'échappe et se met à défiler à toute vitesse contre ma jambe qui est maintenue prisonnière. Je vacille et m'affale sur le pont. Il me faut quelques instants pour retrouver mes esprits et parvenir à défaire l'emprise. Je n'ai pas vraiment mal. Sur mon mollet droit pourtant, une longue plaie dessine un S. Je souris. Cela fera une belle cicatrice.

Devenir un héros

Le sommeil rend vulnérable. Le penseur Alain a souligné comment la nécessité de dormir égalise les rapports de force qui hiérarchisent les relations dans la journée : « Un enfant bien éveillé peut garder Hercule dormant. [...] Le plus fort, le plus brutal, le plus redouté des hommes doit pourtant [pour dormir] revenir à l'enfance, fermer les yeux, se confier, être gardé, lui qui gardait. »

De là à penser que dormir revient à être faillible, il n'y a qu'un (faux) pas. Réexaminons cette idée pour ceux qui ont du mal à laisser la torpeur prendre le dessus. Et si le dormeur était plutôt un héros victorieux qui a réussi à franchir la porte étroite du sommeil ?

Dans notre imaginaire, passer une étape est souvent assimilé à l'idée de passer une épreuve. Nous pouvons avoir cette idée à l'esprit même pour affronter une transition aussi banale que celle entre le jour et la nuit. S'endormir est comme un rite de passage. Nous résistons à l'idée d'entrer dans un nouveau monde et notre peur rend le grand saut difficile. C'est comme s'il existait un « gardien du seuil », un adversaire symbolique posté devant la porte du sommeil qui nous interdisait l'accès au territoire du repos. Il nous faut le vaincre pour pouvoir avancer.

Dans le conte intitulé « Faire voile », par exemple, le « gardien du seuil » est forgé par toutes ces petites voix, intérieures et extérieures, qui découragent et repoussent le départ du personnage. En apprenant à les ignorer, à dépasser ses peurs intimes et à s'affranchir des autorités extérieures, il dépasse l'obstacle, rend l'impossible possible, et devient ce héros qui se lance dans l'inconnu, confiant dans sa capacité à faire face au renouveau.

Pour suivre ce modèle et vous positionner comme un héros face à ce qui garde prisonnier votre sommeil, vous devez tout d'abord prendre conscience que, dans cette histoire, vous êtes non seulement le personnage principal, mais aussi celui qui a la main sur une bonne partie du scénario. Qui est le gardien de vos nuits ? Une peur, une habitude, une hâte ? Regardez-le en face. En relevant le défi qu'il vous propose, vous comprendrez qu'il n'était pas tant un adversaire qu'un ami. Réussir à dormir est parfois plus qu'un apprentissage, une véritable initiation.

Souffle sur le sable

*
* *

Ce qui est en haut est comme ce qui est en bas. Sauf en Himalaya.

Dans le creux des vallées du Ladakh, face au mur solide des montagnes imbriquées, chaque segment de route, chaque mètre de cailloux toisent celui qui défie les forces de la pesanteur terrestre et grimpe la pente escarpée. Les parois se dressent telle une éruption pétrifiée, un surgissement violent sur une autre échelle de temps. Même l'herbe rase semble écrasée par l'ombre des sommets. Et toi, rêveur inconscient, tu t'es promis d'y monter.

Les versants arides sont parés d'érosions splendides. Dans l'omniprésence minérale, rien d'autre pour distraire le regard que ces subtiles nuances entre les roches. Là, du vert bronze, de l'ocre jaune, du violet crayeux, du gris pâle, du brun chaud. Comme dans les tableaux de Nicolas de Staël, la couleur seule définit la forme. Il y a le torrent aussi, qui incise la vallée et bouillonne à tes côtés, dans le sens inverse. Il déferle et descend tout au fond, là d'où tu viens. Il rejoint les lacs qui abritent des serpents divins. Tu t'en vas honorer les divinités des cols. Dans ces parages, les dieux peuplent chaque partie du paysage.

Vu d'en bas, l'Himalaya est tellurique. C'est un socle qui pulse dans tes pieds, tes mollets, tes jambes. Vu d'en haut, il te greffe des ailes. Au sommet, tu te tiens d'aplomb, tu n'as plus à te porter, tu es plus haut que toi-même. Avec l'orgueil d'un phénix au zénith, tu te crois aussi éternel que les neiges. Et, puisqu'il n'y a plus rien à gravir, tu veux te déployer. Ton regard haut perché s'allonge à l'infini, pareil aux rayons solaires qui percent l'espace découvert.

Depuis les cimes, tu saisis d'un seul coup d'œil tout le chemin parcouru. De même qu'on contemple une journée qui s'efface dans le vertige du soir, la géographie donne à voir le temps mis à plat. Loin là-bas, tu distingues ta hâte du matin, tu entrevois ton repos de midi. Les souvenirs reviennent un à un… Jusqu'à ce que, tout à coup, le cri d'un oiseau d'altitude rompe leur fil, comme on coupe un cordon ou une corde au cou. Et là, l'esprit délivré se dévoile derrière le brouhaha mental – lumineux et vide tel le ciel au-dessus de la vallée.

L'ascension déleste celui qui s'élève. Les pensées trop lourdes se déposent le long des chemins à la fois intenses et monotones. L'air aussi devient plus léger et ne conserve que la dose minimale d'oxygène nécessaire. Plus tu montes, plus tu grandis. La perspective élargie te laisse comme multiplié. Ce point de vue est-il plus vrai que celui du début du jour, alors que tu étais enferré au bas de la plaine ? Non, bien sûr. Tu le sais, l'émotion n'est qu'une coordonnée passagère sur un repère d'espace et de temps. Alors, peu t'importe.

Quelque part dans ce no man's land, un monastère est accroché dans un pli de la roche. Les bâtiments rouges et blancs y sont disposés à la manière d'un jeu de cubes, en escalier. Quelques instants de marche encore et tu trouveras refuge.

Avant de rejoindre le temple qui prend place au cœur de chaque lamaserie, il faut parcourir les étapes une à une. Tu passes tout d'abord au travers du *chörten* en contrebas, un petit monument blanchi à la chaux, un simple cube surmonté de quatre marches et d'un bulbe élancé. Il est percé d'une porte. Beaucoup ignorent que ce porche vers nulle part ouvre l'accès invisible à la dimension sacrée. Ils passent à côté. Au-dessous, pourtant, se cachent des fresques éclatantes. Son plafond telle une pyramide creuse te couronne de vide et de couleurs.

Ne pas oublier, un peu plus haut, d'actionner les moulins à prières. Quand ils tournent dans le sens de l'horloge, ces lourds cylindres de cuivre impriment dans l'air la vibration sacrée des paroles qui y sont inscrites. On dit que le vent les transporte. Entre les prières encrées sur les centaines de drapeaux – rouges, bleus, blancs, jaunes ou verts –, celles ciselées sur les moulins et celles gravées sur le granit des rochers, l'air qu'on respire ici est saturé de mantras.

Au seuil du temple, la porte s'entrebâille. D'ores et déjà la cérémonie commence. Tu entres pieds nus dans la fumée d'encens, à l'abri de la rumeur du monde. Ici, au centre d'une pièce sombre – bannières de soie, panthéon de statuettes dorées –, quatre moines réalisent un rituel tout particulier. Sur une planche à même le sol, ils composent un mandala éphémère avec du sable de couleur. Les artistes penchés suivent une trame précise. Les poudres colorées s'écoulent comme un liquide des fins entonnoirs métalliques. Le sable réagit à la moindre nuance dans l'énergie qui le façonne, et rien ne transparaît des efforts constants des lamas en pleine concentration. C'est captivant. Dans ta méditation, tu as l'impression de percevoir le bruit ineffable, régulier et mat, du sable qui s'écoule en chuchotant.

Grain après grain, les motifs prennent forme. Les quatre hommes travaillent en partant du milieu et dessinent concentriquement vers l'extérieur. Revenir au centre et s'écarter, puis revenir au centre et s'écarter encore. Parce que tu es voyageur, ces mouvements te parlent tout particulièrement… Tu as une phrase en tête : « Si tu veux progresser vers l'infini, explore le fini dans toutes les directions. » Les moines pensent-ils aussi à Goethe en regardant leur tableau éclore d'un nouveau limbe de pétales ?

Il y a tant à voir dans cette rose multicolore à deux dimensions. Il y a tout à voir, d'ailleurs, puisque ce mandala représente, en un coup d'œil, la structure du cosmos entier. Au centre, la fleur de lotus symbolise le Bouddha. Elle est encadrée par quatre portes – les quatre points cardinaux – qui ouvrent sur des anneaux figurant à la fois les cinq éléments de notre monde physique et les étapes sur la voie de l'éveil. Pour les initiés, ce cercle de sable est une véritable carte géographique qui mène dans un sens vers l'univers et dans l'autre vers l'unité.

On ne contemple pas une telle image n'importe comment. Il faut exercer un regard tout particulier pour fixer le centre, et maintenir en même temps une attention diffuse sur le détail des pourtours. Il s'agit d'être à la fois centré en son cœur et pleinement conscient de ce qui se déploie. Au bout de quelques instants, il semble que l'image se développe en relief. Quelque chose dans ta vision vient de changer. Et comme pour le célébrer, les moines entament un chant grave et profond qui fait vibrer en même temps l'âme, le sable et les tympans.

Puis, d'un souffle, d'un geste, les lamas détruisent leur œuvre commune. Tout est fini, tout s'éparpille, tout disparaît. Au centre du plateau, un tas de poussière ocre rappelle l'impermanence. Le tableau aux teintes vives ne demeure à présent que dans l'espace de tes souvenirs. Tu détiens un secret désormais. Comme le *chörten* à l'entrée, tu es plein de couleurs à l'intérieur.

Le sable est maintenant versé dans une urne que l'on transporte en procession pour le disperser dans la rivière. Demain, tu suivras ses traces au long des rives en pente et tu retourneras, avec lui, tout en bas de la vallée.

Cultiver la paix

Connaissez-vous cette formule du Bouddha : « Il n'y a pas de chemin vers la paix, la paix est le chemin » ? Elle pointe notre habituelle méprise. Nous nous trompons en cherchant une solution qui mène à la paix sans comprendre que c'est la paix qui mène à la solution.

Nous cherchons au-dehors les ressources qui nous manquent. En vain. Car c'est en nous que la sérénité d'esprit sommeille, même sous la forme d'une petite graine. Nous n'avons pas à la conquérir mais à la manifester. Pour nous disposer au sommeil et trouver la paix qui nous échappe le soir venu, le plus simple est de dissiper ce qui l'obscurcit.

En termes plus pragmatiques, il nous faut chasser ces idées fixes qui nous hypnotisent : la peur de ne pas dormir et son corollaire, la volonté de dormir à tout prix. Laisser venir ce qui vient, y compris ce qu'on veut bloquer, permet de le dépasser, après. Ainsi on lâche petit à petit le contrôle pour entrer dans la maîtrise. Celui qui est dans le contrôle essaie sans cesse d'agir sur l'extérieur, sur l'autre, sur la situation. Il crée une résistance entre lui et ce qui arrive. Quelqu'un dans la maîtrise agit plutôt sur lui-même, en lui-même. Il orchestre sa propre harmonie intérieure et s'adapte à la situation.

Facile à dire ? Au niveau cérébral, cela se traduit par le fait de devenir maître de notre attention, qui est une capacité cognitive capricieuse et instable. Quand elle est fixée sur une peur ou un problème, elle est focalisée sur une fréquence négative et produit en boucle d'autres pensées du même type. De pensée en pensée, l'anxiété se déploie. Notre esprit s'agite tel un jeune singe sautant de branche en branche (selon une image aussi vieille que le Bouddha lui-même). Pour le calmer, il faut cultiver une attention plus vaste. En prenant de la hauteur, nous regardons notre petit singe au lieu de nous identifier à lui. Il devient possible de remarquer les pensées qui surviennent sans les laisser pour autant captiver notre attention.

L'esprit d'ouverture est la clé. Le maître zen Shunryu Suzuki disait : « Si vous souhaitez contrôler un mouton ou une vache, donnez-lui beaucoup d'espace. » L'animal, en effet, se sentira libre mais sera néanmoins maîtrisé, paradoxalement contrôlé par l'absence de contrôle. Ces contes procèdent de cette manière et insufflent de l'espace dans votre tête. Votre esprit agité – fût-il singe, mouton ou vache – s'occupe à explorer le territoire qui lui est proposé.

Ses récits sont parsemés d'aphorismes qui invitent au recul pour vous permettre d'élargir vos perspectives. Ils vous incitent à vous placer dans une « métaposition » qui englobe et accepte inconsciemment les deux possibilités : celle de dormir comme celle de ne pas dormir. Cet accueil et cette souplesse dissolvent les résistances. Ainsi, paradoxalement, le repos et la détente peuvent opérer plus facilement.

Il ne s'agit pas tant d'être indifférent à son sort que de faire confiance à sa capacité à faire face à ce qui survient. Quand on se débarrasse de l'angoisse de l'échec et qu'on cultive la patience – qui n'est ni plus ni moins que l'art de se ficher la paix –, on remarque que la paix a toujours été là. Elle était juste voilée par la conjoncture.

> « Tourné attentivement vers ce qui apaise,
> Je me suis résolu à la nuit intacte,
> Mes sens se sont écoulés de moi
> Et le cœur indiciblement en est multiplié. »
>
> Rainer Maria Rilke, *Poèmes à la nuit*

Des vies en une

*
* *

Une chambre que la lune regarde par la fenêtre. Les meubles, les étoffes, les gravures accrochées aux murs composent une atmosphère hors d'âge, un peu moite, un peu obscure. Au-dessus du plateau d'un bureau d'acajou, un vieil homme est penché. Ses grands cheveux ébouriffés ressemblent à des antennes qui seraient déployées pour capter ce qui, dans l'air, reste encore à capter. Son front est strié comme un manuscrit raturé.

Il exécute lentement des gestes aussi précis que ceux d'un rituel. Il commence par ouvrir un cahier, soulève le loquet d'une boîte nacrée, plie un buvard, agite un flacon en verre taillé. Puis, entre la plume et le papier, une pause. Son regard se noie dans l'encrier.

Ses yeux soudain s'éclairent. L'instant muet a saisi quelque chose. Il trace tout d'abord un grand trait à la règle et dépose en dessous les mots encore liquides que la plume a puisés. La page blanche noircit. Derrière la vitre, la nuit aussi.

C'est toujours après le crépuscule que sa mémoire revient. Il guette le soir venu l'irruption des souvenirs volatils. Il rassemble leurs fragments comme on tirerait sur un fil ou le nœud d'un ruban. Il sait, il cherche, il perd. Les yeux fermés, il attend que la scène se précise. Détail après détail elle refleurit dans ses pensées. Il n'a plus qu'à la cueillir et à l'épingler dans son cahier.

Bien sûr, il ne sait plus vraiment ni les heures, ni les dates, ni même le nom des gens. Mais le vieux a compris que l'âge ne voue pas tout à l'amnésie. La mémoire comporte plusieurs étages, des tiroirs et des replis. Quand une première strate s'évapore, d'autres se révèlent alors. Car il existe une autre mémoire, souterraine et vitale, où tout ce qui un jour a fait vibrer nos cellules est conservé *ad vitam æternam*. Pour lui, cette source où tout demeure, c'est son encre de Chine.

Sur la feuille, ses phrases calligraphiées parlent d'abord d'évidences simples et de moments doux. C'est un souvenir de brins d'herbe dans une chevelure jaune paille ou la caresse silencieuse de son chat qui frôle ses chevilles. Certains instants retrouvés résonnent du chant lointain des cloches et d'autres du son criant d'un vol d'hirondelles. Peu à peu, il découvre l'empreinte de moments plus puissants. Il se souvient d'abord du jour lointain où ses lèvres ont pour la première fois embrassé le creux d'une nuque. Puis de ce bref et magnifique instant où il a revu, dans les yeux de son fils adulte, le regard qu'il avait quand il était enfant.

L'encrier se vide. L'espace entre les pensées s'allonge. Le souvenir suivant n'en est que plus étonnant. Il parle d'ailes tiédies par un rayon de soleil. Comment peut-il connaître aussi bien la joie d'une abeille quand elle est guidée par un parfum ? Quelle partie de lui la retient ? Au fond de lui, son corps se souvient de ce qu'il ne peut pas connaître. Il ressent dans ses jambes comment la fatigue des chemins pulse dans les pattes du chien.

Et tout son dos se rappelle comment l'arbre frissonne quand il se hisse dans le vent.

Ce qui surgit ne provient pas de sa seule vie. Sa mémoire est désormais si profonde qu'elle se mélange à l'âme du monde. Nous sommes tellement plus poreux que nous ne l'imaginons. Combien de vies vécues dans cette vie ? Combien de vies encore avant ? Il y a tant de passé… L'emprise gardienne qui maintenait les secrets endormis se dénoue progressivement. Il n'était pas une fois, il était plusieurs fois. La nuit avance et le vieil homme couche sur le papier la survivance de ses existences oubliées.

Il lui semble désormais qu'il retrouve en lui la trace de toutes les choses sur la Terre. De l'universel, nous sommes un reflet et non une parcelle puisqu'en chacun palpite cette connaissance, intemporelle. Chaque partie du monde le porte tout entier en elle.

Cette pensée le rassure profondément. Sa nostalgie se fissure. À l'évidence, si tout est encore là, rien ne s'éloigne, la nuit nous ment. Demain ne sera jamais demain. Hier était aujourd'hui et demain ce sera encore aujourd'hui. Demain n'arrivera jamais. Tout, toujours et à tout jamais sera aujourd'hui.

La page est saturée et le combustible, épuisé. Le vieux se sent le corps lourd et l'esprit plus léger. Il replie les bras puis pose la tête sur ce sommaire oreiller. Il s'endort en un souffle qui s'échappe par la fenêtre entrouverte.

Et moi, sans savoir pourquoi, je me réveille aussitôt, le visage enfoncé dans l'épaisseur d'un oreiller. Je reste un instant entre le matin et les songes. Ai-je rêvé du vieil homme ou ne suis-je que son rêve à lui, qui maintenant commence ? Qui de nous deux est le dormeur et qui est le rêveur ? Allons, laissons la suite advenir. Je me lève pour moissonner mes futurs souvenirs. Aujourd'hui, comme toujours j'imagine, je me tiens simplement quelque part sur le cercle, juste au début de l'éternel recommencement.

Site Internet :
www.solene-daoudal-hypnose-rennes-guichen.fr

Table des matières

Ce livre existe grâce au travail de toute une équipe.

Communication : Caroline Babulle, Sandrine Perrier-Replein, Typhaine Maison, Adélaïde Yvert.

Coordination éditoriale et administrative : Céline Poiteaux, Martine Rivierre.

Studio : Pascaline Bressan, Barbara Cassouto-Lhenry, Joël Renaudat.

Fabrication : Muriel Le Ménez, Céline Ducournau, Bernadette Cristini, Sophia Paroussoglou, Phousa Chantharath, Isabelle Goulhot, Émilie Lapan (Canada).

Correction : Emmanuelle Coppeaux, Valérie Gautheron.

Commercial, relation libraires et marketing : Laetitia Beauvillain, Alexandra Profizi, Élise Iwasinta, Morgane Rissel, Aurélie Scart, Clément Vekeman.

Cessions de droits : Isabelle Votier, Benita Edzard, Lucile Besse, Sonia Guerreiro.

Gestion : Sophie Veisseyre, Chloé Hocquet, Isabelle Déxès, Camille Douin.

Service auteurs : Viviane Ouadenni, Jean-François Rechtman, Catherine Reimbold.

Ressources humaines : Mylène Bourreau.

Juridique : Laëtitia Doré, Anaïs Rebouh, Valérie Robe, Jean-Benoît Vassogne, Julia Crosnier.

Diffusion : Aurélia Spalacci (directrice des ventes), Nadine Eugénie, Céline Pitt, Arnaud Weill, Hervé Adamczyk, Annie Bourgade, Éric Charpentier, Gilles Couillard, Sandrine Ducrocq, Élisabeth Ehlinger, Guillaume Loras, Jean-Philippe Pilloux, Philippe Maulnier, Gilles Torché, Élisabeth Gastaldo, Jean-Pierre Stephany (Belgique), Olivier Béguin (Suisse), Jean Bouchard et Marie-Ève Provost (Canada), Emmanuelle Cadot, Virginie Godet et Caroline Pan.

Avec le soutien des équipes d'Interforum et d'Editis qui participent à la création, la diffusion et la distribution de ce livre.

Canoros Vehit Canentes

Composition et mise en pages
Nord Compo à Villeneuve-d'Ascq

MIXTE
Papier
FSC FSC® C003309

L'éditeur de cet ouvrage s'engage dans une démarche de certification FSC® qui contribue à la préservation des forêts pour les générations futures.

Pour en savoir plus :
www.editis.com/engagement-rse/

Achevé d'imprimer en février 2022
par Normandie Roto Impression s.a.s.
61250 Lonrai (Orne)
Dépôt légal : février 2022
N° d'édition : 63617/01 - N° d'impression : 2200168

Imprimé en France